社会福祉調査論序説

井村　圭壯

学文社

はしがき

　すべての人間が社会の中で生活し，一人の国民として生存する限り，国民には生活を営む権利が存在する。同時に，現代社会において生活上の問題は社会の中から生まれてくること，そして個人の努力の限界を越えた社会問題として構造的に生まれてくることを把握しなければならない。国民の社会生活上の権利は，社会的責任（公的責任）として，それを保障していかなければならず，社会福祉はそのための具体的な施策・制度として機能していく。

　社会福祉は生活問題，生活障害を抱える人々に対して，公的責任を明確化するとともに，いかに人間らしい生活を送ることができるかといった視点から，そのための制度化を進め，サービスを展開するとともに，平等主義が的確に貫かれているか，鋭いアンテナを張らなければならない性質をもつものである。特に社会福祉援助技術としての調査，つまり社会福祉調査には，この鋭いアンテナがなければ，調査者は調査対象者に対して多面的な視点から危害を与えかねないのである。

　社会福祉調査は社会福祉の対象理解を目的としつつ，調査の対象者（利用者）の人権を守る調査でなければならない。何のために調査するか，何を明らかにしたいかといった問題意識を形成する過程において，調査者には調査対象者のプライバシーを守る姿勢が厳しく求められている。

　そのため調査の実施にあたっては，調査対象者の名簿や調査票の管理を徹底させ，人権擁護に努めなければならない。また，調査対象者との信頼関係に心掛け，調査協力の同意を得たうえで調査を実施する必要がある。同時に，調査者は科学性を追求するあまり，"される側"の立場を忘れることのないように自己の言動に注意を払わなければならない。

　調査対象者の人権を守るということは調査内容の中に必要な調査事項の他はもりこまないといった節度が重要であることを示唆している。特に，興味半分で相手の私生活を暴くような調査は不謹慎な行為であり，人権侵害に繋がる。このように社会福祉調査は調査対象者を守るといった姿勢で望まなければならず，守秘義務の厳格な実践が問われている。

統計調査の場合，集計されたデータは，調査対象者も知ることができるよう調査結果の情報公開に努めなければならない。プライバシーを厳守すると同時に，統計調査は公的なものとして扱われ，情報を私物化してはならない。また，調査を本来の目的以外に利用することは固く禁じられている。

　筆者は，こうした姿勢のもとに，日々，社会福祉調査を実施してきた。

　本書に記載した調査報告はその一部であるが，少額な資金と微力な研究活動から作成したものであり，また発表機関紙の紙数等の関係上，調査の技法を充分に使いこなせていない点と同時に文章も書きつくせていない点もあると考えている。よって，上記の点を補う意味から，第1章では社会福祉調査の基本的技法と知識に関して体系化を行った。

　最後に，日々，筆者の研究並びに執筆活動にご尽力下さり，今回このような出版の機会を与えて下さった学文社社長田中千津子氏に深く感謝申し上げる。

2000年8月28日

井村　圭壯

目　次

はしがき　　　　　　　　　　　　　　　　　　　　　　　　　　　　i

第1章　社会福祉援助技術のための調査　　　　　　　　　　　　　　1
第1節　調査の意義と視点　　　　　　　　　　　　　　　　　　　1
1．社会福祉援助技術のための調査の基本的性格　1
2．統計調査法，事例調査法の特質と視点　1
第2節　調査の方法　　　　　　　　　　　　　　　　　　　　　　2
1．問題の設定と調査対象者　2
2．現地調査の技術的方法　3
　(1) 質問紙法　(2) 面接法　(3) 観察法
3．調査対象の選定　5
　(1) 全数調査　(2) 標本調査　(3) 標本抽出の基本理論
4．調査票（質問紙）の作成　7
　(1) 質問項目の選定　(2) 質問文の作成　(3) 回答形式　(4) 調査票の構成
5．調査を実施する際の注意事項　9
第3節　調査のまとめ方　　　　　　　　　　　　　　　　　　　10
1．調査票の点検と回答の符号化　10
　(1) 調査票の点検　(2) 回答の符号化
2．調査データの集計，分析　11
3．調査報告書の作成　13

第2章　地方中都市の福祉ニードの実態　　　　　　　　　　　　　15
第1節　はじめに　　　　　　　　　　　　　　　　　　　　　　15
第2節　調査概要　　　　　　　　　　　　　　　　　　　　　　17
1．調査対象　17
2．調査方法　17
3．調査時期　17

第3節　調査結果　　　　　　　　　　　　　　　　　　　　　　18
　　　1．基礎的事項　18
　　　2．入園までの状況　18
　　　3．保育園への入園理由　20
　　　4．現在の保育園への入園理由　22
　　　5．母親の就労　23
　　　6．通園状況　25
　　　7．保育時間　26
　　　8．保育園の役割　27
　　　9．保育園と幼稚園との関係　28
　　　10．乳児保育　30
　　　11．保育内容　31
　　　12．保育行政施策への要望　31
　　第4節　おわりに　　　　　　　　　　　　　　　　　　　　　　　32
　　第5節　集計表　　　　　　　　　　　　　　　　　　　　　　　　33

第3章　保母養成所生の卒業後の動向に関する調査────────45
　　第1節　はじめに　　　　　　　　　　　　　　　　　　　　　　　45
　　第2節　調査の概要　　　　　　　　　　　　　　　　　　　　　　46
　　第3節　就職状況の変遷　　　　　　　　　　　　　　　　　　　　55
　　第4節　職場における不満の分析　　　　　　　　　　　　　　　　57
　　　1．不満関連項目　57
　　　2．不満関連項目の因子分析　63
　　　3．職場における不満の構造　70
　　第5節　結論と要約　　　　　　　　　　　　　　　　　　　　　　71

第4章　企業ボランティアに関する調査報告書──────────79
　　第1節　調査の概要　　　　　　　　　　　　　　　　　　　　　　79
　　　1．調査の概要　79
　　　2．ボランティア活動に対する関心度　79

3．ボランティア活動の必要性　79
　　　4．ボランティア活動への参加度　79
　　　5．実施している活動内容　80
　　　6．社員の地域活動への支援制度　80
　　　7．今後の活動の有無　80
　第2節　企業の業種　　　　　　　　　　　　　　　　　80
　第3節　企業の従業員数　　　　　　　　　　　　　　81
　第4節　ボランティア活動に対する関心度　　　　　　83
　第5節　ボランティア活動の必要性　　　　　　　　　84
　第6節　ボランティア活動への参加度　　　　　　　　87
　第7節　参加している従業員数　　　　　　　　　　　90
　第8節　実施している活動内容　　　　　　　　　　　92
　第9節　社員の地域活動への支援制度　　　　　　　　94
　第10節　社員のボランティア活動に対する評価　　　　95
　第11節　評価の内容　　　　　　　　　　　　　　　　98
　第12節　今後の活動　　　　　　　　　　　　　　　　99
　　　1．今後の活動の有無　99
　　　2．今後の活動の内容　101
　第13節　県内本社・県外本社の区分　　　　　　　　102
　第14節　ボランティア活動について感じていること　103

第5章　地域福祉推進へのボランティア活動に関するプリコード調査報告──107
　第1節　序　論　　　　　　　　　　　　　　　　　107
　第2節　調査方法　　　　　　　　　　　　　　　　108
　　　1．調査対象　108
　　　2．調査方法　108
　第3節　分　析　　　　　　　　　　　　　　　　　108
　　　1．満年齢　108
　　　2．家族構成　109
　　　3．住居種類　109

4．今後の居住希望　109
   5．現在の関心事　109
   6．近所づきあい　110
   7．行事への参加　110
   8．社会福祉への関心　111
   9．ボランティア活動について　112
   10．今後重要となる福祉問題　120
   11．今後充実すべき高齢者福祉サービス　122
   12．今後充実すべき児童福祉サービス　122
   13．今後充実すべき障害者福祉サービス　123
  第4節　統計表　124
  第5節　結　語　135

第6章　育児期の母親の就業状況と家庭生活の内実に関する調査　139
  第1節　調査の目的　139
  第2節　調査方法　140
   1．調査対象　140
   2．調査方法　140
  第3節　調査結果の分析　140
   1．基本的事項　140
   2．就業状況　141
   3．父親の育児・家事への協力　143
   4．夫婦の関係　145
   5．性別役割分業観　147
   6．悩みごと――内容項目と相談相手――　147
   7．健康状態　148
   8．最近の精神状態　149
   9．最近の体調　150
   10．家庭生活の満足度　151
  第4節　結　語　154

第5節　統計表（Ⅰ）　　　　　　　　　　　　　　　155
第6節　統計表（Ⅱ）　　　　　　　　　　　　　　　169

あとがき　　　　　　　　　　　　　　　　　　　　193

第1章　社会福祉援助技術のための調査

第1節　調査の意義と視点

1．社会福祉援助技術のための調査の基本的性格

　社会福祉援助技術のための調査は，調査対象者がどのような事態におかれているかを理解するための方法であり，客観的，科学的な手続きによって正確に把握することを目的とした一連の手法の体系を意味する。対象者理解を基本とする調査は，具体的にはどういった援助が必要かといった福祉ニーズの把握に視点があてられており，効果的な実践を導くための基礎資料を提供するものである。

　調査の実施によってさまざまな問題を解明し，対象者の社会的環境を含めて，問題解決のために必要となる情報を収集することが求められる。社会福祉援助技術における調査は，こうした対人援助のための情報の有効活用にあてられる技術であり，収集された情報に基づいて問題を解明し，問題の解決策を採っていく実践方法である。そのため，調査には科学的究明に必要となる手法が研究されており，調査を実施するには一定の原則によって正確なデータを得ることが求められる。このように調査は対人援助の科学性，専門性を高めていくための技術であり，対象理解のための実践方法として多様な手法が考案されている。

2．統計調査法，事例調査法の特質と視点

　一般的に社会福祉援助技術のための調査は社会福祉調査と呼ばれ，統計調査法と事例調査法が代表的である。統計調査法は調査対象として決められた調査単位をすべて調べるか，あるいは標本を抽出して一部の調査単位を調べるものである。そして，調査対象である集合体の比率，平均，度数分布等の統計的数値を計算する中から集計，分析にあたる方法である。また，事例調査法は少数の調査単位を多面的な側面から取り扱い，質的データの分析を中心とした研究方法である。その意味で，事例調査法は対象の個別的理解を探求するものであり，数値であらわすことのできない洞察的認識が主要な視点となる。これに対して，統計調査法は統計分析を通して普遍的なデータを得る調査方法であり，標準化された手法を用

い，対象範囲である調査単位の全体的傾向性を客観的につかむものである。

社会福祉調査では，調査の目的や調査が問題とする客体の性質によって，統計調査法にするか，事例調査法にするか，実際的に検討しなければならない。なお，社会福祉施設の中で利用者の生活状況を把握したり，あるいは利用者の抱える福祉ニーズや問題を客観的に分析するためには，まず統計的方法によって利用者全体の傾向性を知る必要がある。このことは，福祉サービスの有効的な供給体制を設けるために，正確な情報が必要であることを示唆している。同時に，福祉サービスが実施された後の効果分析や検討を行ううえでも，数量的分析による統計調査法が不可欠である。つまり，統計調査法は調査対象者の問題および社会的ニーズの把握と福祉サービスの効果分析を基軸として展開される実践技術であり，社会福祉実践の科学的検証のための手法として位置づけられる。なお，本章では全数調査または標本調査によって対象者の情報を引き出す現地調査（統計調査）の方法を，標準化された原則，統計上の基本理論，あるいは具体的な手法を含めて体系的に説明する。

第2節　調査の方法

1．問題の設定と調査対象者

調査を実際に展開する前提条件として，調査の目的を明らかにしておかなければならない。同時に，調査の目的を打ち出すためには，調査を行うことになった問題意識を整理しておくことが大切である。調査には明確化すべき問題が設定されてこそ，調査活動の本来の意義が形成される。問題を設定することは，「何をどこまで，どのような方法で調べるか」といった対象の範囲や具体的な手法（調査方法）と結びついてくる。また，調査研究のテーマや問題に関連する既存の資料を収集しておくことも忘れてはならない。このことは予備知識や一定の洞察を得る引き金となるからである。

実態調査等を除いて，仮説設定をしておくことも分析や解釈に有効な方向づけを与えることになる。なお，調査を実施するための問題意識を整理する際，主観が混入することに注意しなければならない。特に，調査対象者への同情や怒り等は誤った調査方法や分析あるいは結論を導く要因になりかねない。そのため，客観的視点から問題設定の段階で，主要概念を整理しておくことが重要である。問

題を表現する方法は言葉によるのであり，概念によって組み立てられる。ただし，概念は個人によって相違した意味で使われ，曖昧な側面があり，調査課程の中ではっきりさせておく必要がある。

　例えば，「ひとり暮らし老人の生活実態調査」を実施する場合，「ひとり暮らし老人」を「ひとりで生活している老人」と規定するのではなく，調査が問題とする主旨に基づいて，「市内居住の65歳以上の高齢者（昭和3年7月2日以前に生まれた者）のうち，社会福祉施設入所者および病院入院中の者を除き，一人で世帯を構成している者」と定義することによって，正確な調査を行うための準備の段階が必要である。[1]

2．現地調査の技術的方法

　調査者が現地調査によって情報を収集する方法は，以下の3つに大別される。質問紙を媒介にして情報を引き出す質問紙法。調査者が対象者に対面的に接触することによって収集にあたる面接法。調査者自らが，主として視覚の作用を通して直接的に把握にあたる観察法。現地調査は調査の目的，問題意識，あるいは対象者の状況等に応じて，適切な調査方法を選択しなければならない。

(1) 質問紙法

　質問紙法は質問紙によって調査対象者から回答を引き出す方法であり，対象者自身が質問紙の回答欄に記入することから自記式調査法ともいわれる。質問紙法は対象者に質問紙を渡す方法によって分類され，次の3種類が代表的な調査法である。

① 配票調査法

　調査員が質問紙を調査対象者のところまで配布し，調査対象者が自分で記入し，一定の期間を置いて質問紙を回収する方法である。留置調査法ともいう。この方法は，質問紙の配布と回収の作業ですむことから，費用や労力が少なくてすむという利点がある。また，一定の回収率も期待できる。ただし，調査対象者が回答しているかどうかは不明であり，他者の意見をもとに記入するという危険性もある。そのため，意見や態度を尋ねる調査には適していない。

② 集合調査法

　一定の場所に調査対象者に集合してもらい，その場で質問紙を配布し記入を求

める方法である。調査員が口頭で記入方法等について説明することができるため，記入の誤りを防ぐことができる。また，配票調査法よりも費用や労力が少なくてすむ。この調査法で留意しなければならない点は，調査を実施する場に対象者がすべて出席しているかということであり，出席率がよくないと本来の調査目的が歪められてしまう。同時に，出席者の中には記入の遅い人とか，調査の際に質問や意見を述べる人がおり，調査対象者に影響を与えることもある。

③ 郵送調査法

郵送調査法は質問紙を調査対象者に郵送し，記入の後に返送してもらう方法である。この方法は対象者が広い地域に散在する場合には効果的である。なお，回収率は低くなる可能性があり，一般に20～30％が普通であるといわれている。そのため，必ず依頼状や説明書を同封し，対象者が納得して記入してくれるように留意する。もちろん，返信用の封筒を同封して切手をはっておく必要がある。

(2) 面接法

面接法は調査員が質問し，調査対象者が回答した結果を調査員が記入する方法である。この方法は，対象者以外の者が記入するので他記式調査法ともいわれる。

なお，面接法は指示的面接と非指示的面接とに分類される。前者は調査票を用いて面接するものであり，後者は調査の主旨に基づいて自由に質問をなげかけるものである。

一般的に，統計的な処理を行う際には，指示的面接が用いられる。その場合，① まず調査員が質問文を読み，② 次に，調査員が選択肢である回答文も読み，③ その結果，対象者に口頭で回答してもらい，④ 調査員が調査票の所定の部分に記入する方式をとる。指示的面接の場合，調査の内容があらかじめ決められており，自由裁量が制限されていることから，調査員の個性が対象者の回答に影響を与えることが少なく，客観性が高まるといわれている。

非指示的面接は自由面接法ともいわれ，質問を画一的にすることがなく，会話が面接者の自由裁量に任されている。このことから，面接者の力量が問われてくる。ただし，面接者が調査の目的や問題意識あるいは調査すべき事項を整理しておけば，統計的分析では拾い上げることができない定性的データを作成することができる。

(3) 観察法

観察法は観察記録を実施することによって，調査対象者を直接に調査する方法である。この方法は，観察手続きを規定して行う統制的観察法と，対象となるものをあるがままに観ていく非統制的観察法とに分類される。

統制的観察法は，観察調査票を使用し，厳密に統制された記録方法で実施するものである。この方法は主に対象客体が小集団の場合に効果的である。

非統制的観察法は，非参与的観察法と参与的観察法とに区別される。非参与的観察法は，調査員が第三者として外部から観ていく方法であり，面接法や質問紙法を実施する際の準備作業として使用されることがある。参与的観察法は，調査員が調査対象者の集団の内部に入り，長期にわたり参与し，情報を収集するものである。

3．調査対象の選定

調査を実施するにあたっては，調査の主旨にそって調査対象者の人数や範囲を検討しなければならない。調査には対象となる集団のすべての人に対して行われるものと，一定の手順で選び出された対象集団に対して行われるものとがある。対象集団のすべてに対して実施される調査を全数調査あるいは悉皆調査といい，一定の手順で選び出された対象集団に対して実施される調査を標本調査という。統計調査では全数調査か標本調査のいずれかを選択しなければならない。

(1) 全数調査

調査の対象とされた単位を残らず調べる方法が全数調査である。例えば，養護老人ホームにおいて入所者の生活意識調査を企画するならば，すべての入所者を単位として実施しなければならない。全数調査はこのように対象集団が小さい時に有効的な調査法である。

ただし，調査対象の範囲である調査単位の数が多くなってくると，調査結果の整理に時間と労力がかかり，多額の費用を要することもあり，この調査法では限界が生じる。そのため，統計的手法による調査では，調査対象の一部を抜き出して調査を行い，その結果から対象集団の全体的傾向性（特性）を推定する方法が取られる。これが標本調査である。

(2) 標本調査

標本調査においては直接調査の対象となるのが標本であり，標本を含めて調査対象の全体を母集団と位置づけている。標本は母集団の特性を正確に反映するように抽出されなければならないが，母集団の一部分を抽出することから誤差が生じることは避けられない。そのため，できるだけ誤差を少なく，また誤差の幅を測定できるような方法で調査を実施しなければならない。このような観点から，統計理論に裏づけられた無作為抽出法が一般的に使用される。

なお，標本調査には無作為抽出法とは別に有意抽出法がある。有意抽出法は，母集団の中から典型的と思われる標本を任意に選び出す方法である。この方法は調査者の意図によって標本を選んでおり，一定の確率から調査の対象を抽出していないため，調査結果を一般化することは難しいとされている。

(3) 標本抽出の基本理論

標本抽出の結果から，母集団の結果を推定する作業には必然的に誤差（標本誤差）を伴うことになる。そのため，無作為抽出法による標本調査の場合，誤差を計算することによって母集団を推定しなければならない。

例えば，母集団の比率を推定するには，次の公式を使う。

$$P = P_s \pm K_a \sqrt{\frac{N-n}{N-1} \cdot \frac{P_s(1-P_s)}{n}}$$

P は母集団の比率，P_s は標本の比率，K_a は信頼度係数であり 95％とすると 1.96 となる。N は母集団の人数，n は標本数を意味する。

また，標本調査では時間，費用，労力の制約によって標本数が決められることがある。ただし，標本数が小さすぎると推定した誤差の幅が広くなったり，母集団の正確な情報を引き出せなくなってしまう。そのため，誤差を一定の幅におさえることによって，標本の大きさを決めなければならない。

例えば，誤差を±4％内におさえるとすれば，次の公式を使う。

$$n = \frac{N}{\frac{(N-1)\varepsilon^2}{4P(1-P)}+1}$$

n は必要標本数，N は母集団の大きさ，ε は精度（区間推定における±の幅），P は母比率である。なお，母平均の推定や無限母集団の標本誤差，あるいは正規分

布については統計学の文献を活用されたい。

4．調査票（質問紙）の作成

　調査票とは，必要なデータを得るための調査（質問）項目から成り立っている記入用紙のことである。調査票は，調査対象者から回答を得るために有効な科学的用具である。調査票を作成するにあたっては，基本原則を充分に理解し，種々の技法を適切に活用しなければならない。なお，調査票のうち回答者自らが質問を読み，回答を記入する場合には，これを質問紙と呼んでいる。配票調査法や集合調査法等の質問紙法による調査法は，質問紙が使用される。ただし，調査票と質問紙とは同じ意味で用いられることが多い。

(1) 質問項目の選定

　調査票の作成にあたっては，その第1段階として質問項目を選定しておくことが必要である。質問項目は，調査対象者の回答に対する意欲を低下させないためにも，必要最小限の項目に止めておくことが基本原則とされている。項目作成の手順としては，調査内容を主要な側面に分割し，大項目をつくり，中項目，小項目をつくっていく方法を取る。この細分化の過程では，具体的な事項へと結びつけていき全体を構成する。なお，質問項目には年齢，性別，家族構成といった基本的属性に関する項目を含めておかなければならない。基本的属性はフェイス・シート（face sheet）とも呼ばれ，クロス集計の際，最も基本的な独立変数（要因）として分析に利用される。

(2) 質問文の作成

　質問項目が選定されると，次に質問項目を具体的に文章化していく作業に入る。以下では質問文を作成する上での留意点について記しておく。

　① 専門用語や略語は，使用しない。
　② 曖昧で多様な意味にとれる言葉や表現は，避ける。
　③ 特別なイメージや価値判断と結びつく用語に注意する。
　④ 回答者に心理的抵抗を引き起こすような表現は避ける。
　⑤ 一般に2通りの使い方のある用語は，どちらかに限定する。通常，年齢は満年齢にする。
　⑥ ひとつの質問文で2種類以上の事項，意味内容を含む文章になっていない

か注意する。
⑦ 誘導的質問にならないようにする。中立的な聞き方を取る。回答者は質問の内容にかかわらず、「はい」と回答する傾向を示すことにも留意する。
⑧ 一般的な状況に関する質問と回答者の個別的状況に関する質問とを使いわけておく。
⑨ 丁寧な表現や敬語をあまりにも多く使用すると、不自然な文章になることに留意する。
⑩ 対象者を限定する場合には、ろ過的質問（filter question）を用いる。例えば、サービス利用の有無を聞き、その結果、利用者に限定して利用目的や利用頻度について回答を求める方式を取る。[2]

(3) 回答形式

回答形式とは、質問に対して回答者がどのように回答するかを規定した形式（方法）のことである。回答形式は自由回答法と選択回答法とに大別される。

① 自由回答法

自由回答法は、調査対象者が質問に対して数値かあるいは自由に回答する方法である。この方法は数値か文字かによって、数値記入回答形式と文字記入回答形式とに分けられるが、一般的には後者をもって自由回答法と位置づけられている。自由回答法は調査対象者である回答者の考えや意見を自由に聞くことができるが、得られたデータを類型化する作業に時間がかかる。また、場合によっては無回答として、この回答形式の部分だけが白紙で終わることもある。自由回答法は選択回答法では選択される内容の予測がつかないような時に、それを補足するものとして活用すると有効的である。

② 選択回答法

選択回答法は、回答の数や回答の順位づけの有無によって、単一回答形式、複数回答形式、順位回答形式に分けられている。

単一回答形式は、いくつかの選択肢の中からひとつだけ選んでもらう方式である。複数回答形式は、いくつかの選択肢の中から複数選んでもらう方式であり、制限複数回答形式と無制限複数回答形式とに分けられている。順位回答形式は、選択肢の中から順位をつけて回答を求めるもので、一部順位回答形式と完全順位回答形式とがある。

これら選択回答法は，自由回答法に比べて無回答が少なく，集計が容易であるという利点がある。また，調査員の個人差による偏りを最小限におさえることができる。なお，選択肢の設定に充分な検討を行ったとしても，抜けている選択肢があるかもしれない。そのため，「その他」といった選択肢を用意し，回答者がいずれかの選択肢を必ず選択するように配慮する。また，意見や判断あるいは賛成，反対を尋ねる質問には，「わからない」か「どちらともいえない」といった選択肢を設けておくことも必要である。

(4) 調査票の構成

調査票作成の最終過程は，質問文の配列を決め，体裁を整えることである。質問文の配列を決める際の留意点は，以下のようになる。

① 前に置いた質問が，次の質問の回答に影響を与えないように配慮する。このことをキャリーオーバー効果（carry-over effect）という。
② 最初は簡単に回答できる差し障りのない質問を持ってくる。
③ 調査で最も調べたい質問は中心に置く。
④ ひとつの質問項目を調べるために，複数の質問を組み合わせる等の工夫をする。
⑤ 回答しやすい客観的事実に関する質問からはじめ，意見，態度等についての質問はその後にする。
⑥ 回答しやすいように特定の質問をひとまとめにしておく。[3]

なお，調査票の原案ができあがると，予備調査（プリテスト；pre-test）を実施する。予備調査は不備のない調査票を作成するため，その試案を調査対象者の一部に対してテストしてみることである。その結果，わかりにくい，あるいは不適切な質問があれば修正し，新しい質問を加えたりする。ただし，軽費老人ホーム等において入所者を対象とした全数調査の場合には，調査対象者の一部に予備調査を行うと，そのことが本調査に影響を与える可能性も出てくるので注意する。また，調査票の作成段階では，調査の主旨・目的をまとめた依頼の文章や記入方法，およびフェイス・シートをつくる作業を踏んでおかなければならない。

5．調査を実施する際の注意事項

社会福祉調査はきわめて実践的な性質を持っている。同時に，社会福祉調査は

社会福祉の対象理解を目的としつつ,対象者(利用者)の人権を守る調査でなければならない。何のために調査するか,何を明らかにしたいかといった問題意識を形成する過程において,調査者には調査対象者のプライバシーを守る姿勢が厳しく求められる。そのため,調査の実施にあたっては,調査対象者の名簿や調査票の管理を徹底させ,人権擁護に努めなければならない。また,調査対象者との信頼関係に心掛け,調査協力への同意を得たうえで調査を実施する必要がある。同時に,調査者は科学性を追求するあまり,"される側"の立場を忘れることのないように,自己の言動に注意を払わなければならない。

調査対象者の人権を守るということは,調査内容の中に必要な調査事項の他はもりこまないといった節度が重要であることを示唆している。特に,興味半分で相手の私生活を暴くような調査は不謹慎な行為であり,人権侵害につながる。このように社会福祉調査は,調査対象者を守るといった姿勢で臨まなければならず,守秘義務の厳格な実践が問われている。

統計調査の場合,得られた情報は,調査対象者に活用できるものでなければならず,調査結果の情報公開に努めなければならない。プライバシーを厳守すると同時に,調査は公的なものとして扱われ,情報を私物化してはならない。また,調査を本来の目的以外に利用することはかたく禁じられている。

調査の実施にあたっては,調査対象者が容易に記入することができること,あるいは不安感を持たないで回答することができるような配慮が必要となってくる。例えば,軽費老人ホームで利用者が回答した調査票をそのまま回収するようでは,無神経な調査といわなければならない。特に,匿名による調査では,調査票を封筒に入れ,密封して投票箱に利用者自身で入れてもらう方法を取らなければならない。つまり,調査対象者が書きやすい,答えやすいといった点に注意を払い,対象者が安心して回答できるような調査方法が求められるのである。

第3節　調査のまとめ方

1. 調査票の点検と回答の符号化

(1) 調査票の点検

調査結果の集計は,調査票に記入された情報に基づいて行われることから,その前段階として回収した調査票を点検しておく必要がある。まず,有効票と無効

票とに分類する作業に入る。無効票については，どういう理由で調査ができなかったのかについて吟味し，再度の調査が可能である場合は再調査を試みる。次に，回答された調査票には何らかの記入上の誤りが存在するので，以下の点について点検しておく。
　① 記入もれや無回答はないか。
　② 指定した回答数以上に選択肢を選んでいないか。
　③ 判読できない文字や文章はないか。
　④ ろ過的質問の場合，答えるべき人が次の質問に答えているか。
　⑤ 基本的属性において，抽出に用いた名簿の情報と回答を記入した情報とが一致しているか。

記入上の誤りが判明した場合は，可能なかぎり再調査を行い，正確な情報を得るように努力する。

　(2) 回答の符号化

　調査票の点検が終わると，回答された情報に数字の符号を与える作業に移る。これをコーディング（coding；回答の符号化）という。この方式には調査票の作成段階であらかじめ選択肢にコードである数字をつけておくプリコード方式と，自由回答のように回収後に分類基準に従ってコードを与えるアフターコード方式とがある。最近は，調査の集計，分析にコンピュータを用いて行うため，プリコード方式が一般的に活用される。アフターコード方式は回答の予測がつかない場合に実施される。なお，アフターコード方式のコード化の分類基準は，すべての調査票の回答情報に目を通してから決定しなければならない。

2．調査データの集計，分析

　調査データの集計作業は，単純集計とクロス集計，その他の方法がある。単純集計は質問項目ごとに回答を集計し，質問項目別の選択肢に何人の回答者が回答しているか，その度数を計算し度数分布表を作成する。また，度数分布表から円グラフ，棒グラフ，帯グラフ等の統計図表を作成すると，視覚的な把握を容易にする。度数分布表には実数である度数とは別に，相対度数である比率を示しておかなければならない。特に，標本調査の場合は，比率による分析が基本である。

　単純集計は，一般的にはこうした選択肢ごとの度数，相対度数を計算する定性

的データの集計を指すが，数値記入回答形式による定量的データの集計も存在する。定量的データについては，平均値を計算することになるが，データの散らばりの度合いを客観的に理解するための指標である分散あるいは標準偏差を示しておかなければならない。詳細は統計学の文献に譲るが，分散や標準偏差は平均値の検定の際に必要となってくる。

次に，クロス集計であるが，これは単純集計によって把握された回答の結果が，どのような要因によって分析できるかを，2つ以上の質問項目を組み合せることによって集計するものである。クロス集計の統計表には，度数分布表を作成した時と同様に比率（パーセント）を出しておく。なお，2つの質問項目のうち，パーセントをどちらの方向に取るかが問題になる。具体的には，タテに取って100.0％にするか，それともヨコに取って計算するかが検討される。その際には，強調したい方向つまりは仮説的独立変数である説明要因の質問項目を中心に考えて，タテ，ヨコのパーセントを取ればよい。質問項目の中の基本的属性は，仮説的独立変数として集計しておくのが一般的である。

標本調査のクロス集計には標本誤差を考慮に入れて分析する必要があり，質問項目間の関係の有無については，統計的な検定をしておかなければならない。この際の検定法を χ^2 検定という。χ^2 の公式は以下のようになる。

$$\chi^2 = \sum \frac{(f_0 - f_e)^2}{(f_e)}$$

f_e は期待度数，f_0 は観察度数を意味する。χ^2 値である検定統計量が計算されると自由度（$df = (r-1)(c-1)$）を出し，χ^2 分布表から有意差の有無を検定する。χ^2 検定はクロス集計した変数（質問項目）の統計的有意性を示すものとして分析の過程には不可欠の作業である。

調査データの集計，分析は，コンピュータを利用して行う。特に，比率の差の検定や平均値の差の検定，あるいは多変量解析を試みるには市販のパソコン・ソフトを活用すればよい。こうしたソフトは，調査票の形式の入力や修正，調査データの入力，加工，解析，その他の手法が入っている。これに従って調査票や質問項目を設計したり，集計作業を進めると，作表やデータ分析が容易になる。

3．調査報告書の作成

調査データの集計，分析作業が終わると，調査報告書を作成する過程に入る。調査報告書は一定の形式にそって記述されることが要求され，次のような項目は必ず含まれていなければならない。

① 調査の目的

調査を行うことになった問題とは何かについて明確にしておく。調査の目的とその背景を調査報告書を利用する者に理解してもらう必要がある。

② 調査方法

どのような調査方法で調査を展開していったのかを説明する。調査対象の定義，調査対象の選定方法（全数調査か標本調査か），調査の実施方法（面接法か質問紙法か，また質問紙法の中のどの方法か），調査時期，有効回収率等は記述しておかなければならない。

③ 調査結果の説明

基本的属性を含め，質問項目のすべてについて集計結果を提示し，説明を加えておく。質問項目ごとの単純集計および質問項目間のクロス集計等について分析する。

④ 考察と結論

調査結果から得られた知見の位置づけを行い，いかなる意義がみいだせるのかについて論じておく。問題解決への提言を示すことができれば，そのように試みる。

⑤ 要約

調査結果の説明と考察・結論について，調査報告書を利用する者に理解できるような要約をしておく。

⑥ 統計表（集計表）

調査報告書の終わりに単純集計と，できれば主要な質問項目間のクロス集計による統計表を記しておく。

⑦ 調査票

調査報告書には，調査票を添付する。

調査報告書ができあがると，公表しなければならない。調査報告書は社会福祉の実践や科学的研究の進歩のための基礎資料となるものであり，調査の目的にそっ

て発表される必要がある。ただし，調査対象者のプライバシーが犯されないように注意しなければならない。調査対象者は調査結果について知る権利と同時に，調査情報から個別的に守られる権利を持っている。

注)
1) 井村圭壯「ソーシャル・ワーク・リサーチ」花村春樹監修『社会福祉Ⅰ・Ⅱ』三晃書房，1986年，p.179
2) 井村圭壯「社会福祉調査法」杉本敏夫他編集『新しいソーシャルワーク』中央法規出版，1998年，p.164
3) 同上書，p.166

参考文献
1) 井村圭壯『社会福祉調査研究の展開』社会福祉研究センター，1996年
2) 福祉士養成講座編集委員会編集『社会福祉援助技術各論Ⅱ』中央法規出版，1992年
3) 根本博司編『社会福祉援助技術』建帛社，1990年
4) 井垣章二『社会調査入門』ミネルヴァ書房，1968年
5) 古谷野亘・長田久雄『実証研究の手引き』ワールドプランニング，1992年
6) 辻新六・有馬昌宏『アンケート調査の方法』朝倉書店，1987年
7) 『地域福祉調査ハンドブック』北海道社会福祉協議会，1989年
8) 杉本敏夫他編集『新しいソーシャルワーク』中央法規出版，1998年

第2章　地方中都市の福祉ニードの実態

第1節　はじめに

　"増税なき"行政改革は，今日国，地方をあげての緊急課題となっている。国及び地方公共団体は，行財政の徹底した簡素化と合理化及び受益者負担によって公費削減を図るための創意工夫をし始めている。保育行政もその主要な課題のひとつとみなされて，すでに具体的な保育施策の改善が始められている。

　このような改革の行政的指針を提示しているのが，行政管理庁である。同庁が実施した保育園に関する調査結果の報告書(1981年9月)によれば，出生率の著しい低下などで保育園の定員の充足率は1978(昭和53)年度以来減少傾向にあり，調査した1,681の保育園の58％が定員割れであり，さらに保育園入園児童の38％が"保育に欠ける"状態があいまいで，入園理由をたずねてみると，「子どもの教育上望ましい」，「近所の子どもが保育園に行くから」，「しつけに自信がない」，そして「近くに幼稚園がない」などの答えがみられ，保育園の設置目的を離れて機能も「幼稚園化」していると指摘し，保育行政を抜本的に改革するように厚生省に勧告している。

　こうして児童福祉施設としての保育園の機能と役割とはいったい何なのかという最も基本的な問題が今改めて問い直される形になってきている。行政管理庁のこの指摘が本当に妥当なものであるかどうかを客観的に判断するためには，まず今日の保育ニードが生み出されて来る社会的背景を構造的に把握することが重要である(図2－1参照)。そしてそれに立脚して"保育に欠ける"状態の範囲を再検討することが必要である。

　厚生省が規定している従来の"保育に欠ける"状態は，1960(昭和30)年代以前の社会的背景を前提として，専ら保護者(特に母親)の就労と疾病とを条件とするものである。しかし今日の新しい社会的背景から生み出されている多様化した保育ニードが"保育に欠けて"いるかどうかを従来の基準で，しかも全国画一的な基準によって判断することが適切であろうか。この疑問に答えるためには今日の激変している社会構造に対応させて，"保育に欠ける"かどうかを客観的に

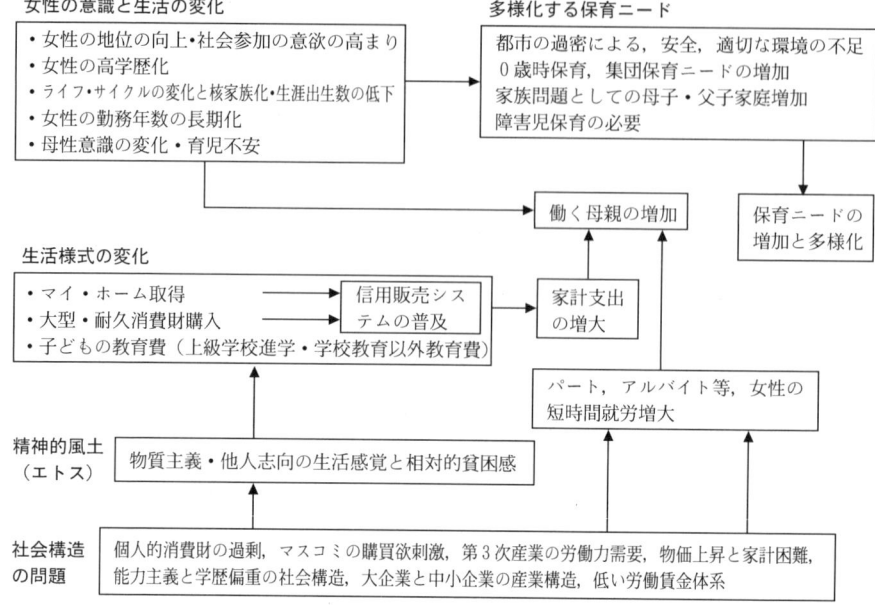

図2−1　保育ニードの多様化・増加と社会的背景

資料出所：井垣章二他編『入門児童福祉』ミネルヴァ書房　1982．p.158

判断できる具体的な基準をやはり市町村レベルで構築することが必要であり，そのためには保育ニードに関する地域別の実証的なデータを必要とする。本調査はそのためのひとつの基礎的な試みである。

　なお，本調査は当初「地方中都市における社会福祉サービス体系の比較研究」[2]というテーマのもとで共同研究の一環として実施されたものであったために，本調査結果の概要はすでに研究会のメンバーのひとりである宮崎昭夫[3]によって岡山市との比較の形で公表されている。[4]よって今回の報告では，比較研究の視点とは別に，ひとつの地域の実状に焦点をしぼり，より詳細な分析を加えることによって実証的なデータを得ることに力を注いだ。

第2節　調査概要

1．調査対象

本調査は高松市福祉事務所母子児童課と高松市保育研究会のご協力によって，市街地区3園，住宅地区3園，農村地区3園を選び，それぞれの保育園の園児の保護者全員を調査対象として実施している。各地区3園のうち2園は公立園，1園は私立園とした。

回収状況は表2－8に示すように，対象数が1,330名であり，有効回収数が1,078名である。したがって回収率は81.1％であった。

回答者については表2－9に示すように，「母」が90.4％で大半を占めている。その他に，「父」が8.2％，「祖母」が1.0％，「その他の人」が0.3％，そして「祖父」が0.1％であった。

2．調査方法

本調査の方法は配票調査法で，福祉事務所母子児童課および各保育園長のご協力のもとに，各園の保母を通して封筒に入れた質問紙を担当クラスの保護者または園児に渡し，保護者が2～3日以内に自宅で回答し，それを封筒に入れ封をして保護者または園児が保育園に提出する方法を取った。ただし保護者が二人以上の子どもを同じ保育園に通わせている場合には，便宜上，上の子だけについて回答してもらう形を取っている。

本調査の設問は選択回答法による方式をとっているが，副次的に自由回答法による設問を加えている。なお，今回は紙数の関係上選択回答法による設問への回答についてのみ報告する。自由回答の内容については，すでに本調査に協力してもらった保育園にそれぞれ園ごとの集計結果を選択回答法による設問への回答とあわせて報告している。

3．調査時期

本調査は1979（昭和54）年の10月上旬に実施した。

（注記）

○ χ^2検定の結果は危険率5％以下（$P<0.05$）で有意差ありとした。

○表・図中の「MC」は回答者が規定数以上の選択回答を行ったことを示している。また「NA」は無回答のことを示している。
○表・図中の「N」は実数のことであり，「M」は平均値を，また「SD」は標準偏差値を示している。
○表中の「MA」は回答者に2つ以上の選択回答を求めたことを示している。
○本文中の数値で集計表に示していないものがあるが，これは紙数の関係上集計表を割愛したことによる。
○第5節の集計表のパーセント数値は園別に集計した結果を記している。

第3節　調査結果

1．基礎的事項

(1) 家族　　家族構成は表2－10に示しているように，約70％が核家族である。園別でみると，D，E，F園の住宅地区に特に核家族が多く，G，H，I園の農村地区に直系家族が多い。

家族の人数については表2－11に示しているように，平均4.46人，標準偏差（以下SDと記す）1.277となっている。園別では，やはりG，H，I園の農村地区園に直系家族の占める割合が高いだけ家族の人数も多いようである。

(2) 園児　　園児の現在の年齢は表2－12に示すように，「4歳」が25.7％と最も多く，次いで「5歳」，「3歳」の順となっている。

園児の兄弟の人数（園児本人も含む）は「2人」が56.7％（609名）で最も多く，以下「1人」23.6％（253人），「3人」17.1％（184名），「4人」1.8％（19名）の順となった。平均では2.00人，SD 0.772となった。

2．入園までの状況

まず入園時の年齢であるが，表2－13に示すように，「0歳」は6.3％，「1歳」は17.8％，「2歳」は30.3％，「3歳」は34.2％と，加齢にともなって割合が高くなっている。ただ「4歳」は10.1％，「5歳」は1.3％となっており，年長児の保育園入園率が低いことがわかる。

入園を希望した月については表2－14に示しているように，87.6％のものが「4月」入園を希望している。また実際に入園した月をみてみると表2－15に示

表 2 − 1　入園時の年齢×入園希望の月

（NAを除く）

	4月		4月以外の月		計	
0歳	45	66.2	23	33.8	68	100.0
1歳	169	88.5	22	11.5	191	100.0
2歳	283	86.8	43	13.2	326	100.0
3歳	333	91.0	33	9.0	366	100.0
4歳	101	92.7	8	7.3	109	100.0
5歳	10	71.4	4	28.6	14	100.0
計	941	87.6	133	12.4	1074	100.0

$\chi^2=38.898$　df＝5　P＝0.000

表 2 − 2　入園時の年齢×入園した月

（NAを除く）

	4月		4月以外の月		計	
0歳	62	92.5	5	7.5	67	100.0
1歳	158	83.2	32	16.8	190	100.0
2歳	272	84.0	52	16.0	324	100.0
3歳	315	86.5	49	13.5	364	100.0
4歳	97	89.0	12	11.0	109	100.0
5歳	9	64.3	5	35.7	14	100.0
計	913	85.5	155	14.5	1068	100.0

$\chi^2=10.607$　df＝5　P＝0.060

すようになり，入園希望の月とほぼ同率の85.5％のものが「4月」に入園をしている。ただ，入園希望の月及び入園した月と入園時の年齢とをクロス集計してみると表2−1・表2−2に示すようになり，特に「0歳」児の場合には「4月」入園希望者が少ないにもかかわらず，実際には「4月」に入園しなければならなくなるケースが多い。

　入園を希望してから入園できるまでの期間については，表2−16に示しているように，6ヶ月以上もかかったものが15.8％（169名）もおり，入園希望の時期に即応しきれなかったことがうかがわれる。なお入園時の年齢が「0歳」の場合で入園できるまでに6ヶ月以上かかったものは19.1％であった。

　入園を希望してから入園するまでの待たされた理由については，表2−17に示すように，67.0％が「4月の入園期を待つため」となっている。また「保育園に欠員がなかったため」と答えたのが15.7％いた。

　次に，入園できるまでの昼間の主な保育者についてであるが，表2−18に示し

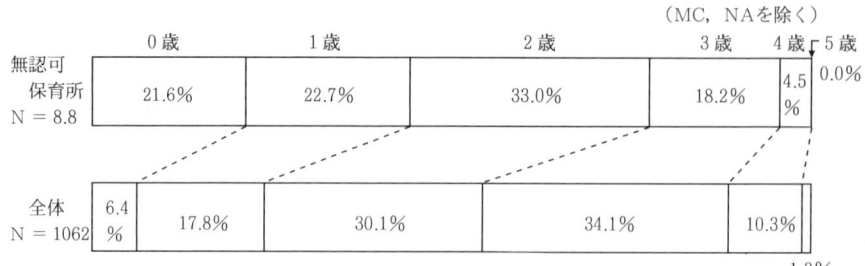

図2－2　入園できるまでの保育者が「無認可保育所」である場合の入園時年齢

ているようになり，「母親」である場合が最も多く61.0％，次いで「同居親族」11.7％，「別居親族」11.4％の順となっている。保育者や保育設備などの面で問題の多い「無認可保育所」は8.3％であるが，各園間に顕著な差がみられ，Ａ園では24.6％のものが「無認可保育所」を利用している。全般的にはＡ，Ｂ，Ｃ園の市街地区にその傾向が強くなっている。

　入園できるまでの保育者と先に述べた入園時の年齢とをクロス集計してみると有意差がみられた。入園できるまでの保育者が「無認可保育所」である場合の入園時年齢を示すと図2－2のようになり，「無認可保育所」の場合には全体に比べて特に「0歳」の割合が著しく高くなっている。また図2－2に示すように，入園児の年齢が「0歳」のものが全体で68名（6.4％）いるが，そのうち入園までの保育者が「無認可保育所」である場合の「0歳」は19名（21.6％）であり，入園時の年齢が「0歳」の場合は約4人に1人の割合で「無認可保育所」を利用していることになる。こうしたことは低年齢児に対する保育園サービスの不備を補うものとして無認可保育所が機能していることを物語っているといえよう。

3．保育園への入園理由

　自分の子どもを保育園に入園させた理由については8項目の設問を作り，「はい」，「いいえ」の二者択一方式で質問をしてみた。表2－19には8項目の設問（①～⑧）に対して，「はい」を選んだ人数とパーセントを示している。選ばれた割合が最も高かった項目は「集団保育が子どもにとって大切」で80.2％，以下「母親の居宅外労働」67.6％，「近所に同年齢の友達や遊び場がない」35.5％，

表2-3　保育園への入園理由×入園時の年齢

	入園時の年齢	
母親の居宅外労働	※	0.152
母親の居宅内労働		0.099
家族の世話	※	0.109
出産	※	0.121
母親が病弱		0.081
近所に同年齢の友達や遊び場がない	※	0.196
住宅が狭かったり住宅環境が悪い		0.036
集団保育が子どもにとって大切	※	0.196

〔数字はクラマー関連係数の平方根。
※印はχ^2検定でP＜0.05。〕

「母親の居宅内労働」29.1％の順となっている。

　次に，保育園への入園理由の各設問に対する回答をデータ・パターンの手法でみてみると，73の組み合せが生じており，「母親の居宅外労働」と「集団保育が子どもにとって大切」の2つに「はい」を選んだものが263名で一番多かった。以下「母親の居宅外労働」のみに「はい」を選んだものが147名，「母親の居宅外労働」と「近所に同年齢の友達や遊び場がない」と「集団保育が子どもにとって大切」の3つに「はい」を選んだものが103名，「母親の居宅内労働」と「集団保育が子どもにとって大切」を選んだものが67名，「母親の居宅内労働」と「近所に同年齢の友達や遊び場がない」と「集団保育が子どもにとって大切」を選んだものが55名であった。

　次に，保育園への入園理由と先に述べた入園時の年齢とをクロス集計してみると，表2-3のようになり強い関連性が読み取れた。例えば「母親の居宅外労働」の項目において，入園時年齢が「0歳」で88.1％，「1歳」で75.1％，「2歳」で67.3％，「3歳」で62.5％，「4歳」で61.7％のものが「はい」を選択しており，低年齢児の母親ほど外に働きに出る割合が高くなっている。「集団保育が子どもにとって大切」の項目においては，「0歳」で58.7％，「1歳」で71.9％，「2歳」79.8％，「3歳」86.2％，「4歳」89.2％と加齢にともなって「はい」を選択する割合が高くなっており，高年齢児の母親ほど集団保育の必要性を強調する傾向がある。また「近所に同年齢の友達や遊び場がない」の項目では「0歳」が12.7％，

「1歳」が26.4%,「2歳」34.4%,「3歳」40.5%,「4歳」52.9%と年齢が高くなるにつれて「はい」を選ぶ割合が高くなっている。

4．現在の保育園への入園理由

現在通っている保育園に入園させた理由については7項目の設問を作り「はい」,「いいえ」の二者択一方式でたずねてみた。表2-20には7項目の設問（①-⑦）に対して,「はい」を選んだ人数とパーセントを示している。現在の保育園に入園させた理由として選ばれた割合の最も高かった項目は,「自宅から便利」で80.9%のものが「はい」と答えている。以下「保育時間が適切」,「保育方針, 設備などが充実している」,「職場から便利」の順となっていた。

各園間には顕著な差がみられ, A, B, C園の市街地区では他の地区に比べ「職場から便利」の割合が高く, G, H, I園の農村地区においては「近所の友達もその保育園を希望していた」の割合が高くなっており, 地域的な要素が当該保育園の選択理由に影響を与えているようである。また, A園などでは「保育方針, 設備などが充実している」が76.4%と選ばれる割合が最も高くなっており, 地域によっては園自体の保育方針, 設備, 体制などが影響を与えているようである。

次に, 現在の保育園への入園理由をデータ・パターンの手法でみてみると, 84の組合せがあらわれたが,「自宅から便利」の項目にのみ「はい」を選択した回答者が99名で最も多かった。以下「自宅から便利」,「保育時間が適切」,「保育方針, 設備などが充実している」の3項目に「はい」を選択した回答者が89名,「自宅から便利」,「職場から便利」,「保育時間が適切」および「保育方針, 設備などが充実している」の4項目に「はい」を選択した回答者が85名, 続いて「自宅から便利」と「保育時間が適切」の2項目が74名,「自宅から便利」,「保育時間が適切」,「近所の友達もその保育園を希望していた」,「保育方針, 設備などが充実している」の4項目が59名であった。

現在の保育園への入園理由の各設問と入園時の年齢とをクロス集計してみると強い関連性がみられ, 表2-4に示すようになった。クラマー関連係数の平方根でみた場合, 特に「職場から便利」の項目に強い関連性が読み取れ,「0歳」で77.3%,「1歳」で60.7%,「2歳」で38.3%,「3歳」で27.6%,「4歳」で29.7%のものが「はい」を選択しており,「0歳」と「1歳」の割合が著しく高くなっ

表2-4　現在の保育園への入園理由×入園時の年齢

	入園時の年齢	
自　宅　か　ら　便　利	※	0.125
職　場　か　ら　便　利	※	0.308
保　育　時　間　が　適　切		0.054
近所の友達もその保育園を希望していた	※	0.187
保育方針，設備などが充実している	※	0.141
福　祉　事　務　所　か　ら　の　指　定		0.094
近　く　に　幼　稚　園　が　な　か　っ　た	※	0.112

〔数字はクラマー関連係数の平方根。
※印はχ^2検定でP＜0.05。〕

ている。このことは，表2-20において，A，B，C園の市街地区に「職場から便利」の割合が高かったことと，表2-13（入園時の年齢）で市街地区に「0歳」と「1歳」の割合が高かったことを考え合わせてみるとうなづける。

また「近所の友達もその保育園を希望していた」の項目では，「0歳」で7.7％，「1歳」で17.7％，「2歳」で27.0％，「3歳」で35.0％，「4歳」で37.3％と，加齢にともなって「はい」を選ぶ割合が高くなっている。

5．母親の就労

母親の就労の有無については表2-21に示すように，「お母さんはお仕事をしておられますか」という設問に対し，89.3％のものが「はい」と答えている。

母親の就労の有無と園児の現在の年齢との間には有意差がみられ，表2-5に

表2-5　園児の現在の年齢×母親の就労の有無

（NA，非該当を除く）

	はい		いいえ		計	
0歳	7	100.0	0	0.0	7	100.0
1歳	32	91.4	3	8.6	35	100.0
2歳	100	90.1	11	9.9	111	100.0
3歳	174	82.9	36	17.1	210	100.0
4歳	231	87.5	33	12.5	264	100.0
5歳	234	91.1	23	8.9	257	100.0
6歳	142	96.6	5	3.4	147	100.0
計	920	89.2	111	10.8	1031	100.0

$\chi^2=19.248$　df＝6　P＜0.01

示しているように，母親が働いている割合は「3歳」以降では加齢にともなって高くなっている。

次に，母親の就労理由であるが，7項目の設問（①～⑦）を設け「はい」，「いいえ」の二者択一方式で質問をしてみた。表2－22には7項目の設問に対して「はい」を選択した人数とパーセントを示している。「将来計画のために，たくわえをする」，「生計費の不足を補う」，「もう少しゆとりのある生活をしたい」の3項目がいずれも60％台を示しており，家計を補助するために就労する母親の多いことが読み取れる。また，母親の就労が家計の中心になってくるという意味での「一家の大黒柱として働かなければならない」ものが13.5％（118名）もおり，特にA，B，C園の市街地区において母親が生計の中心者である場合が多いようである。

母親の就労理由の各設問をデータ・パターンの手法でみてみると，94の組み合せがみられ，一番多い組み合せは「生計費の不足を補う」，「もう少しゆとりのある生活をしたい」，「将来計画のために，たくわえをする」，「知識，技能を活かす」および「働くことはそれだけですばらしい」の5項目に「はい」を選んだもので92名，以下「生計費の不足を補う」，「もう少しゆとりのある生活をしたい」，「将来計画のために，たくわえをする」の3項目が88名，「生計費の不足を補う」，「もう少しゆとりのある生活をしたい」，「将来計画のために，たくわえをする」，「働くことはそれだけですばらしい」の4項目が57名であった。

母親の仕事の種別については表2－23に示しているように，「居宅外労働（6時間以上）」が51.5％で最も多く，以下「家業・内職」28.3％，「居宅外労働（6時間未満）」18.0％，「農業」2.3％の順となっている。なお，各園間にはかなりの差がみられる。

次に，母親の仕事時間（通勤時間を含む）の平均を示すと表2－24のようになり，平日で481.5分，SD103.05，土曜日で364.5分，SD184.62となった。園別ではA，B，C園の市街地区において仕事時間がやや長くなっている。母親の仕事時間を2時間ごとに区分して集計してみると図2－3のようになり，平日の仕事時間の最頻値は「8時間1分～10時間」，土曜日は「2時間1分～4時間」が最頻値を示した。土曜日の場合には標準偏差からもわかるように，仕事時間にばらつきがみられ，土曜日でも8時間以上のものが26.8％（222名）もいる。

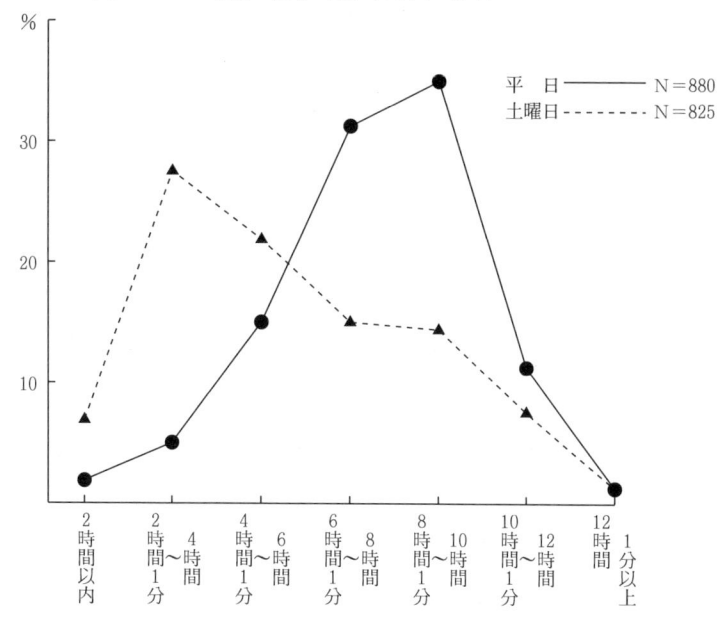

図 2－3　母親の仕事時間（非該当を除く）

　　平　日　―――　N＝880
　　土曜日　-----　N＝825

横軸: 2時間以内／2時間〜4時間1分／4時間〜6時間1分／6時間〜8時間1分／8時間〜10時間1分／10時間〜12時間1分／12時間1分以上

6．通園状況

　主な通園手段は表2－25に示しているように，「自転車」の場合が最も多く42.7％，次いで「自動車」の25.1％の順となっており，家から歩いて保育園に通うことが少ないようである。ただしF園のように58.2％が「徒歩」という園もあり，各園の地域的特徴によって通園手段も異なっている。

　通園にかかる時間は表2－26に示すように，平均で11.5分，SD9.80となった。通園時間を10分ごとに区分して集計してみると，図2－4のようになり，「10

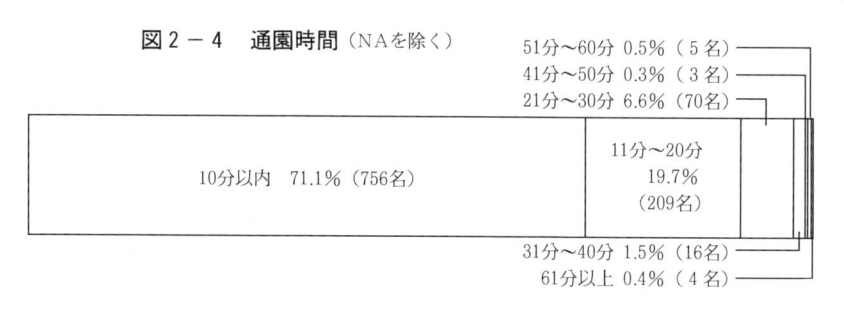

図2－4　通園時間（NAを除く）

51分〜60分　0.5％（5名）
41分〜50分　0.3％（3名）
21分〜30分　6.6％（70名）
10分以内　71.1％（756名）
11分〜20分　19.7％（209名）
31分〜40分　1.5％（16名）
61分以上　0.4％（4名）

分以内」が71.1％を占めている。ただし21分以上も通園にかかるものが98名もあり，これらの子どもたちにはかなりの負担がかかっているのではないかと思われる。

次に，保育園への送り迎えを主に誰がするのかであるが，表2－27と表2－28に示すように，朝，夕ともに「母」が7割を越えている。二番目に多いのは朝の場合には「父」で12.3％，夕方の場合には「同居親族」で10.4％である。

7．保育時間

子どもの保育時間については表2－29に示しているように，平日の場合には平均451.2分，SD54.57，土曜日の場合には平均205.2分，SD50.10となった。先に述べた母親の仕事時間の平均が平日481.5分，SD103.05，土曜日364.5分，SD184.62であることから，全般的に保育時間が不足していることがわかる。また，SDからわかるように，母親の仕事時間は多様化しているのに対して保育時間の方は画一的であり，個別的な保育ニーズに対応しきれないサービスの一面がうかがえる。

次に，保育時間の現状に対する評価をたずねてみると表2－30のようになり，23.4％のものが「短すぎる」と答えている。先に述べた母親の仕事の種別と保育時間に対する評価とをクロス集計してみると有意な関連がみられ，表2－6に示すように，「農業」は実数が少ないので何ともいえないが，「居宅外労働」の場合に「短すぎる」と答える割合が特に高くなっている。

保育時間が「短すぎる」と答えたものにどの程度延長して欲しいかをたずねて

表2－6　母親の仕事の種別×保育時間に対する評価

(MC, NA, 非該当を除く)

	ちょうどよい		短すぎる		長すぎる		計	
居宅外労働 （6時間以上）	325	69.1	139	29.6	6	1.3	470	100.0
居宅外労働 （6時間未満）	122	75.3	39	24.1	1	0.6	162	100.0
農　　業	9	42.9	12	57.1	0	0.0	21	100.0
家業・内職	220	85.3	38	14.7	0	0.0	258	100.0
計	676	74.2	228	25.0	7	0.8	911	100.0

$\chi^2 = 35.986$　df＝6　P＝0.000

みると，表2-31に示すようになり，朝の保育時間の場合が平均31.9分，SD16.57，夕方の保育時間が平均49.0分，SD25.91であった。延長希望の時間を10分ごとに区分して集計してみると図2-5のようになり，朝の保育時間では「21分～30分」が最も多く，夕方の保育時間になると「21分～30分」と同時に「51分～60分」が特に多くなっている。夕方の保育時間の場合「21分～30分」を除くとほとんどが51分以上の延長希望であり，夕方の保育時間の不足は延長希望者にとっては特に深刻な問題であることがわかる。

それでは保育時間が不足している場合にどのようにしてそれを解決しているかであるが，表2-32に示すように，64.1％が「親族でめんどうをみている」となっている。ただし「その他」のものが28.6％もおり，楽観視できないであろう。

8．保育園の役割

保育園の役割として「保育園は子どもに対してどのようなことに重点をおくべきだとお考えですか」という設問に対して，3つの選択肢を設けてみたが，表2-

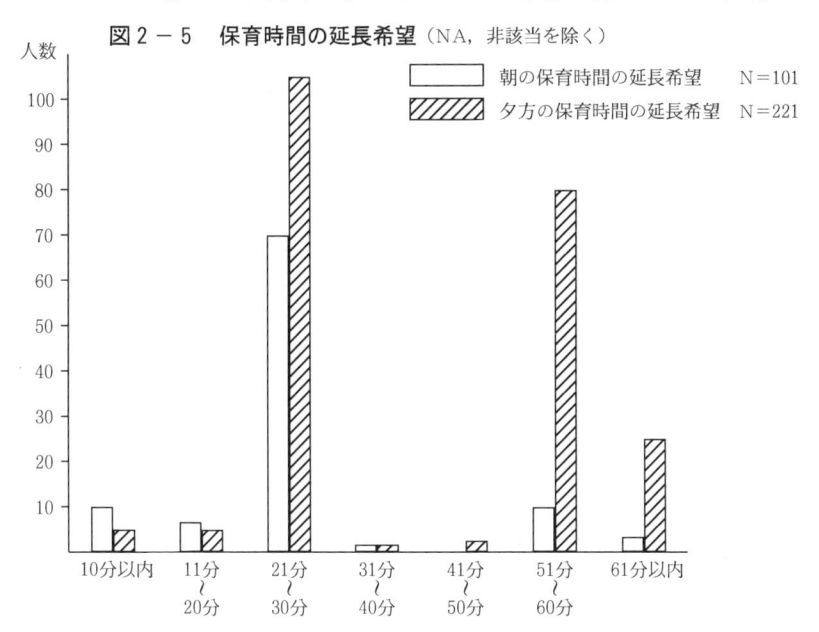

図2-5 保育時間の延長希望（NA，非該当を除く）

朝の保育時間の延長希望　N＝101
夕方の保育時間の延長希望　N＝221

図2－6　母親の就労の有無別保育園入園の対象となる子ども（NA，非該当を除く）

（保育園入園の対象となる子ども）

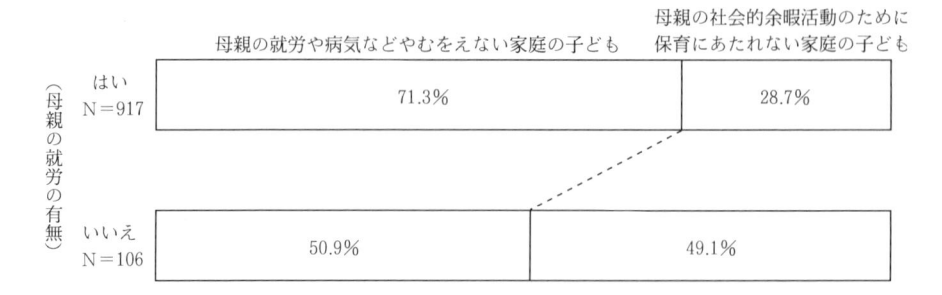

（母親の就労の有無）		母親の就労や病気などやむをえない家庭の子ども	母親の社会的余暇活動のために保育にあたれない家庭の子ども
	はい　N＝917	71.3%	28.7%
	いいえ　N＝106	50.9%	49.1%

33に示すように，「集団生活の中で子どもの全面的発達をうながす」が94.0％と，その大部分を占めている。

次に，保育園入園の対象児について「保育園はどのような家庭の子どもを入園させるべきところだとお考えですか」という設問を作ってみた。表2－34に示しているように，「母親の就労や病気などやむをえない家庭の子ども」を入園させるべきだと答えたものが68.6％を占めており，保育園入園の条件を限定的に捉える傾向が見受けられる。保育園入園の対象児観は一般に母親の就労の有無に左右されると思われるけれども，クロス集計をしてみるとやはり有意差（P＜0.001）がみられ，図2－6に示すように，働いている母親の方が「母親の就労や病気などやむをえない家庭の子ども」を選ぶ割合が高くなっている。

9．保育園と幼稚園との関係

「保育園と幼稚園との関係は今後どのようにあるべきだとお考えですか」という設問に対しては表2－35に示すように，一方では「保育内容の質を均一に」が49.7％と最も多く，保育園と幼稚園とを一つの施設として統合化することよりも各々の施設の質を均一化しようとする考え方を持つものが半数近くを占めている。しかし他方では「幼保を一緒にした保育施設に」というものが30.8％おり，いわゆる狭義の「幼保一元化」を考えるものも少なからずいることがわかる。

次に，近くに幼稚園があるかどうかたずねてみると，表2－36に示すように，86.3％のものは「ある」と答えている。ただし，A，B，C園の市街地区に幼稚

図2-7 母親の就労の有無別幼稚園希望の有無（NA，非該当を除く）

（幼稚園入園希望の有無）

（母親の就労の有無）

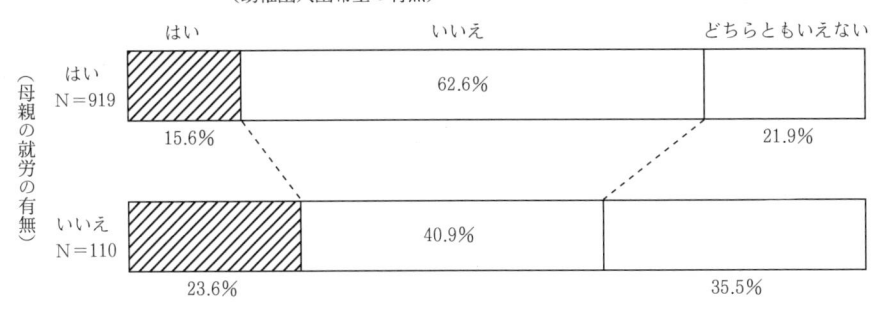

はい N＝919 : はい 15.6％ / いいえ 62.6％ / どちらともいえない 21.9％

いいえ N＝110 : はい 23.6％ / いいえ 40.9％ / どちらともいえない 35.5％

園のない割合がやや高くなっている。

　幼稚園への入園希望の有無について「今後，お子さんを幼稚園に入園させたいと思っていますか」とたずねてみると，表2-37に示すように，「はい」16.3％，「いいえ」59.8％，そして「どちらともいえない」23.8％となった。

　母親の就労の有無と幼稚園入園希望の有無とをクロス集計してみると有意差（P＜0.001）がみられ，図2-7に示すように，母親が働いている場合には幼稚園への入園を希望しないケースが多くなっている。

　また園児の現在の年齢と幼稚園入園希望の有無との関連をみてみると表2-7のようになり，幼稚園入園希望者の割合は「2歳」で31.3％，「3歳」で26.3％，「4歳」で19.3％，「5歳」で5.7％，そして「6歳」で3.4％と加齢にともなって減少している。このことから，先の表2-5（園児の現在の年齢×母親の就労の

表2-7 園児の現在の年齢×幼稚園入園希望の有無

（NAを除く）

		はい		いいえ		どちらともいえない		計	
0	歳	0	0.0	8	100.0	0	0.0	8	100.0
1	歳	6	16.7	18	50.0	12	33.3	36	100.0
2	歳	36	31.3	50	43.5	29	25.2	115	100.0
3	歳	57	26.3	99	45.6	61	28.1	217	100.0
4	歳	52	19.3	151	56.1	66	24.5	269	100.0
5	歳	15	5.7	189	71.6	60	22.7	264	100.0
6	歳	5	3.4	119	80.4	24	16.2	148	100.0
計		171	16.2	634	60.0	252	23.8	1057	100.0

$\chi^2=106.960$　df＝12　P＝0.0

有無)で「3歳」以降は加齢とともに母親の就労率が増加していることを加味して考えてみると、やはり図2－7で示したように、母親が働いている場合には幼稚園への入園希望が少なくなるといえる。

10. 乳児保育

まず乳児保育についてであるが、「乳児（0歳児）保育について、どのようにお考えですか」という設問に対して、表2－38に示すように、83.9％のものが「乳児は母親によって家庭で保育されることが望ましい」を選んでおり、「乳児でも保育園で集団的に保育されることが望ましい」を選んだものは1割にすぎなかった。

乳児保育に関する設問と入園児の年齢との間には有意な関連がみられ、「乳児でも保育園で集団的に保育されることが望ましい」を選択した割合は、入園時年齢が「0歳」で38.2％，「1歳」で17.1％，「2歳」で9.3％，「3歳」で5.8％，「4歳」で4.7％と、低年齢で入園したものほど乳児の集団保育に対して肯定的な立場を取っている。

図2－8　園児の現在の年齢別保育内容に対する評価
――「文学や数などの指導」が「少なすぎると思う」場合――

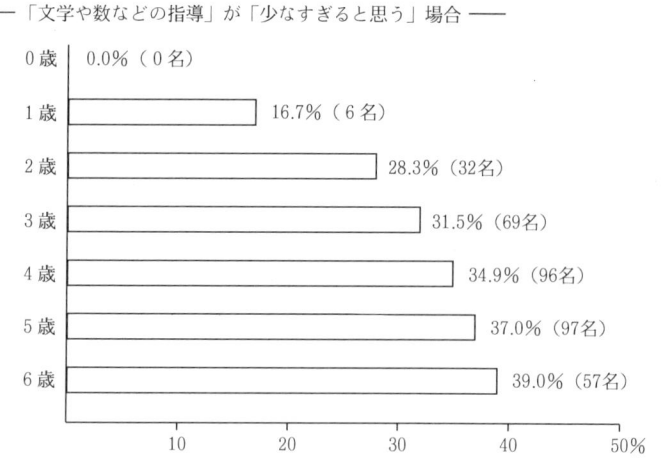

年齢	割合
0歳	0.0%（0名）
1歳	16.7%（6名）
2歳	28.3%（32名）
3歳	31.5%（69名）
4歳	34.9%（96名）
5歳	37.0%（97名）
6歳	39.0%（57名）

［本図は「文学や数などの指導」の設問において、「少なすぎると思う」を選んだ人数とパーセントを「園児の現在の年齢」別に示している。ただし、NAを除く。］

11. 保育内容

現在通っている保育園の保育内容に対して8項目の設問を作り、「少なすぎると思う」、「多すぎると思う」、そして「どちらともいえない」という3つの選択肢から一つを選んでもらった。表2-39には8項目（①～⑧）の設問に対して、「少なすぎると思う」を選んだ人数とパーセントを示している。「少なすぎると思う」の最も多かったものは「文字や数などの指導」で33.6%、以下「体力づくりの指導」31.2%、「飼育や栽培」30.6%、「しつけや性格づくり」20.1%、「交友関係を大事にすること」19.0%、「絵本、造形、音楽などの指導」18.3%、「遊び（屋外遊びも含む）」17.6%、そして「行事」4.0%の順となっている。一方、「多すぎると思う」を選んだ割合は、「行事」を除いては0.3～2.3%以内にあり、行事だけが8.9%と高い割合を示していた。

次に、保育内容についての8項目の各設問と園児の現在の年齢とをクロス集計してみると、「文字や数などの指導」と「行事」とにおいて有意差がみられた。「文字や数などの指導」の場合、図2-8に示しているように、加齢にともなって「少なすぎると思う」を選ぶ率が高くなっている。このことは就学を控えた子どもに対して狭い意味での教育的配慮を望む保護者の気持ち（意識）を素直に表わしているといえよう。なお、園児の現在の年齢と「行事」との間にも有意差は生じたけれども、加齢にともなった関連性はみられなかった。

12. 保育行政施策への要望

「今後、国や市の保育行政施策として要望されることで重要だと思われるもの」を6つの選択肢の中から2つ選んでもらった。表2-40に示すように、最も多く選ばれたものは「保育料をもっと安く」で56.2%であった。この結果から保育料が家計の中で相当負担になっていることがわかる。また「軽い病気になった場合でも保育園で保育」が51.2%と二番目に多く、子どもが軽い病気になった場合には保護者が仕事を休んで面倒をみなければならない現状が読みとれる。以下「地域の母子のために保育園が相談や指導」が24.5%、「乳児保育施設や定員をもっとふやす」が23.3%、「保育時間をもっと延長」が18.3%、そして「障害児の保育の場（保育園）の拡充」が14.6%であった。

次に、データ・パターンの手法でみると、22の組み合せが生じ、一番多い組

み合せは「保育料をもっと安く」と「軽い病気になった場合でも保育園で保育」を選んだもので231名,以下「軽い病気になった場合でも保育園で保育」と「地域の母子のために保育園が相談や指導」を選んだものが106名,「保育料をもっと安く」と「乳児保育施設や定員をもっとふやす」が92名,「保育料をもっと安く」と「保育時間をもっと延長」とが84名,「保育料をもっと安く」と「地域の母子のために保育園が相談や指導」とが82名であった。

第4節　おわりに

　われわれの究極的な研究目的は，保育サービス（体系）を分析するための基本的枠組みを構築することである。そこで今回の調査では高松という地方中都市レベルの保育園入園児童の保育状況とその保護者の保育意識とを調べることによって，保育ニードの地域的状況を把握することを目指した。保育ニードを正確に把握することによってのみ，今日の"保育に欠ける"状態の適切な範囲を規定することができる。さらに"保育に欠ける"状態の範囲が定まることによって保育サービスの体系を確立することも可能となるのである。この意味からもまず保育ニードを的確に把握することが非常に重要である。

　よって今回の調査はそのための実証的な研究であったけれども，その対象や方法などにおいていくつかの限界性があったことも留意しておかなければならない。というのも本調査は有意選択法による調査であり，全数調査でもなければまた無作為抽出法の形をとっているわけでもなく，母集団（調査時における高松市の保育園児の保護者全員）を直接的に分析あるいは推定することはできない。したがって本調査からうちだされたデータは高松市における保育ニードの一応の目安として評価されるべきものなのである。また保護者の保育サービスに対する意識として，「入園できただけでも幸いである」といった受動的な価値意識が存在し，本質的なニードの解明にまで到達していないとも考えられる。また本調査の母集団は高松市の保育園児の保護者であり，保育園に通っていない児童とその保護者のかかえている保育ニードは調査対象の外に置いた。ゆえにこれらの欠陥を補充したり，克服するための新しい調査対象と調査方法とを模索することが当面のわれわれの研究課題となってくる。今後本調査によって得たデータを基礎にして，調査の視点を限定し，より綿密な分析に取り組まなければならないであろう。

注）
1）児童福祉法によると「保育所」が正しい呼称であるけれども，本調査の調査票と調査報告においては保護者や保育現場の人々に親しまれている「保育園」という呼称を使用している。
2）この研究会の研究目的及び研究方法などについては，岡田藤太郎「地方中都市における社会福祉サービス体系覚書」〔「ソーシャルワーク研究（vol.6.No.4）」相川書房，1981〕の中で一応明示されている。
3）この研究会は，「地域社会福祉サービス研究会（c.c.w.s.s）」と称し，岡田藤太郎を代表として四国学院大学社会福祉学科の吉田卓司研究室内に事務局を置いている。
4）宮崎昭夫「保育サービスに関する実態調査―岡山・高松両市の保育園を利用している保護者に対する調査より―」〔「四国学院大学論集（No.50）」四国学院大学文化学会，1981〕参照。

第5節　集計表（パーセント数値は園別に集計した結果を記している。）

表2-8　回収状況

園名	対象数	有効回収数	回収率(%)
A 園	200	172	86.0
B 園	150	144	96.0
C 園	170	98	57.6
D 園	120	107	89.2
E 園	180	135	75.0
F 園	150	101	67.3
G 園	70	61	87.1
H 園	200	192	96.0
I 園	90	68	75.6
全体	1330	1078	81.1

表2-9　回答者　　　　　　　　　　　　　　　　　　　　　　　（人・%）

		父		母		祖父		祖母		その他の人		MC・NA
A	園	17	10.1	148	87.6	0	0.0	2	1.2	2	1.2	3 —
B	園	26	18.4	114	80.9	0	0.0	1	0.7	0	0.0	3 —
C	園	6	6.2	90	92.8	0	0.0	1	1.0	0	0.0	1 —
D	園	5	4.8	97	92.4	0	0.0	2	1.9	1	1.0	2 —
E	園	11	8.5	116	89.9	0	0.0	2	1.6	0	0.0	6 —
F	園	6	6.1	93	93.9	0	0.0	0	0.0	0	0.0	2 —
G	園	1	1.7	58	91.7	0	0.0	1	1.7	0	0.0	1 —
H	園	12	6.3	178	93.2	0	0.0	1	0.5	0	0.0	1 —
I	園	3	4.5	62	92.5	1	1.5	1	1.5	0	0.0	1 —
全	体	87	8.2	956	90.4	1	0.1	11	1.0	3	0.3	20 —

表2-10　家族構成　　　　　　　　　　　　　　　　　　　　（人・%）

	父・母・子		父・子		母・子		※祖父―祖母父・母・子		※祖父―祖母父・子		※祖父―祖母母・子		その他		NA
A園	114	66.3	2	1.2	13	7.6	36	20.9	4	2.3	3	1.7	0	0.0	0 —
B園	97	68.3	3	2.1	9	6.3	27	19.0	0	0.0	6	4.2	0	0.0	2 —
C園	63	64.9	0	0.0	5	5.2	28	28.9	1	1.0	0	0.0	0	0.0	1 —
D園	78	72.9	0	0.0	6	5.6	19	17.8	0	0.0	2	1.9	2	1.9	0 —
E園	108	80.6	1	0.7	7	5.2	13	9.7	2	1.5	3	2.2	0	0.0	1 —
F園	90	89.1	0	0.0	2	2.0	7	6.9	1	1.0	1	1.0	0	0.0	0 —
G園	26	42.6	1	1.6	2	3.3	30	49.2	1	1.6	1	1.6	0	0.0	0 —
H園	95	49.5	2	1.0	0	0.0	87	45.3	2	1.0	6	3.1	0	0.0	0 —
I園	34	50.0	0	0.0	4	5.9	29	42.6	0	0.0	0	0.0	1	1.5	0 —
全体	705	65.6	9	0.8	48	4.5	276	25.7	11	1.0	22	2.0	3	0.3	4 —

※ (「祖父―祖母」とは, 祖父・祖母の両者がいる場合と, 祖父・祖母のどちらかがいる場合の両方を意味する。)

表2-11　家族の人数

N=1074	M	SD
A　園	4.11	1.131
B　園	4.35	1.306
C　園	4.32	1.132
D　園	4.34	1.157
E　園	4.18	1.082
F　園	3.93	0.941
G　園	5.10	1.261
H　園	5.04	1.406
I　園	5.03	1.393
全　体	4.46	1.277

第2章 地方中都市の福祉ニードの実態

表2-12 園児の現在の年齢　(人・%)

	0歳		1歳		2歳		3歳		4歳		5歳		6歳		NA	
A園	7	4.1	14	8.2	29	17.1	26	15.3	39	22.9	38	22.4	17	10.0	2	—
B園	0	0.0	10	7.0	27	18.9	32	22.4	25	17.5	32	22.4	17	11.9	1	—
C園	0	0.0	5	5.1	15	15.3	16	16.3	22	22.4	25	25.5	15	15.3	0	—
D園	0	0.0	0	0.0	2	1.9	17	16.3	37	35.6	26	25.0	22	21.2	3	—
E園	0	0.0	2	1.5	14	10.4	29	21.5	41	30.4	31	23.0	18	13.3	0	—
F園	0	0.0	4	4.0	15	15.0	31	31.0	20	20.0	19	19.0	11	11.0	1	—
G園	1	1.6	0	0.0	1	1.6	17	27.9	23	37.7	14	23.0	5	8.2	0	—
H園	0	0.0	0	0.0	7	3.7	39	20.5	47	24.7	64	33.7	33	17.4	2	—
I園	0	0.0	1	1.5	6	8.8	13	19.1	21	30.9	17	25.0	10	14.7	0	—
全体	8	0.7	36	3.4	116	10.9	220	20.6	275	25.7	266	24.9	148	13.8	9	—

表2-13 入園時の年齢　(人・%)

	0歳		1歳		2歳		3歳		4歳		5歳		NA	
A園	58	33.9	43	25.1	32	18.7	31	18.1	6	3.5	1	0.6	1	—
B園	5	3.5	43	29.9	46	31.9	34	23.6	13	9.0	3	2.1	0	—
C園	1	1.0	44	44.9	31	31.6	13	13.3	8	8.2	1	1.0	0	—
D園	0	0.0	6	5.7	41	38.7	43	40.6	14	13.2	2	1.9	1	—
E園	2	1.5	24	17.8	47	34.8	44	32.6	13	9.6	5	3.7	0	—
F園	1	1.0	17	16.8	57	56.4	22	21.8	3	3.0	1	1.0	0	—
G園	0	0.0	1	1.6	16	26.2	36	59.0	8	13.1	0	0.0	0	—
H園	0	0.0	3	1.6	32	16.7	113	58.9	43	22.4	1	0.5	0	—
I園	1	1.5	10	14.7	24	35.3	32	47.1	1	1.5	0	0.0	0	—
全体	68	6.3	191	17.8	326	30.3	368	34.2	109	10.1	14	1.3	2	—

表2-14 入園希望の月　(人・%)

	4月		4月以外の月		NA	
A園	140	81.4	32	18.6	0	—
B園	121	84.0	23	16.0	0	—
C園	84	85.7	14	14.3	0	—
D園	98	93.3	7	6.7	2	—
E園	104	77.0	31	23.0	0	—
F園	89	88.1	12	11.9	0	—
G園	60	98.4	1	1.6	0	—
H園	185	96.4	7	3.6	0	—
I園	62	91.2	6	8.8	0	—
全体	943	87.6	133	12.4	2	—

表2−15　入園した月　（人・％）

	4月		4月以外の月		NA	
A園	150	88.2	20	11.8	2	—
B園	113	79.6	29	20.4	2	—
C園	81	82.7	17	17.3	0	—
D園	92	86.8	14	13.2	1	—
E園	100	74.6	34	25.4	1	—
F園	81	81.0	19	19.0	1	—
G園	60	98.4	1	1.6	0	—
H園	179	93.7	12	6.3	1	—
I園	59	86.8	9	13.2	0	—
全体	915	85.5	155	14.5	8	—

表2−16　入園できるまでの期間　（人・％）

	1ヶ月未満		1ヶ月以上3ヶ月未満		3ヶ月以上6ヶ月未満		6ヶ月以上1年未満		1年以上2年未満		2年以上		NA	
A園	21	12.3	75	43.9	35	20.5	25	14.6	12	7.0	3	1.8	1	—
B園	29	20.4	67	47.2	28	19.7	7	4.9	11	7.7	0	0.0	2	—
C園	19	19.4	47	48.0	23	23.5	4	4.1	5	5.1	0	0.0	0	—
D園	19	17.8	45	42.1	26	24.3	10	9.3	5	4.7	2	1.9	0	—
E園	27	20.0	60	44.4	22	16.3	12	8.9	13	9.6	1	0.7	0	—
F園	17	17.0	52	52.0	18	18.0	10	10.0	3	3.0	0	0.0	1	—
G園	7	11.5	35	57.4	10	16.4	2	3.3	6	9.8	1	1.6	0	—
H園	29	15.2	94	49.2	35	18.3	24	12.6	8	4.2	1	0.5	1	—
I園	18	26.5	37	54.4	9	13.2	1	1.5	3	4.4	0	0.0	0	—
全体	186	17.3	512	47.7	206	19.2	95	8.9	66	6.2	8	0.7	5	—

表2−17　入園を待たされた理由　（人・％）

	4月の入園期を待ったため		受け入れ年齢に達していなかったため		母親が働いていなかったため		父母以外の養育者がいたため		保育園に欠員がなかったため		子どもに心身の障害があったため		その他の理由		MC・NA	
A園	115	68.0	8	4.7	5	3.0	2	1.2	32	18.9	1	0.6	6	3.6	3	—
B園	93	65.5	5	3.5	1	0.7	2	1.4	27	19.0	0	0.0	14	9.9	2	—
C園	64	68.1	6	6.4	2	2.1	3	3.2	14	14.9	0	0.0	5	5.3	4	—
D園	74	70.5	4	3.8	4	3.8	4	3.8	17	16.2	0	0.0	2	1.9	2	—
E園	70	51.9	9	6.8	7	5.3	2	1.5	29	21.8	0	0.0	16	12.0	2	—
F園	56	55.4	1	1.0	11	11.3	0	0.0	17	17.5	0	0.0	12	12.4	4	—
G園	41	67.2	4	6.8	5	8.5	0	0.0	5	8.5	0	0.0	4	6.8	2	—
H園	148	77.1	7	3.7	6	3.2	6	3.2	19	10.1	0	0.0	3	1.6	3	—
I園	45	66.2	1	1.5	4	6.2	3	4.6	5	7.7	0	0.0	7	10.8	3	—
全体	706	67.0	45	4.3	45	4.3	22	2.1	165	15.7	1	0.1	69	6.6	25	—

第2章 地方中都市の福祉ニードの実態 37

表2−18 入園できるまでの保育 (人・%)

	父親		母親		同居親族		別居親族		近所の人		無認可保育所		その他		MC・NA	
A園	2	1.2	65	38.0	14	8.2	31	18.1	11	6.4	42	24.6	6	3.5	1	—
B園	0	0.0	84	61.3	15	10.9	16	11.7	3	2.2	15	10.9	4	2.9	7	—
C園	1	1.0	51	52.0	13	13.3	11	11.2	4	4.1	10	10.2	8	8.2	0	—
D園	1	0.9	55	51.9	15	14.2	19	17.9	4	3.8	6	5.7	6	5.7	1	—
E園	0	0.0	95	72.5	7	5.3	16	12.2	6	4.6	4	3.0	3	2.3	4	—
F園	0	0.0	78	77.2	3	3.0	7	6.9	3	3.0	5	5.0	5	5.0	0	—
G園	0	0.0	39	63.9	19	31.1	2	3.3	1	1.6	0	0.0	0	0.0	0	—
H園	1	0.5	138	71.9	29	15.1	9	4.7	5	2.6	5	2.6	5	2.6	0	—
I園	0	0.0	44	65.7	10	14.9	10	14.9	1	1.5	1	1.5	1	1.5	1	—
全体	5	0.5	649	61.0	125	11.7	121	11.4	38	3.6	88	8.3	38	3.6	14	—

表2−19 保育園への入園理由 (人・%)

	①母親の居宅外労働		②母親の居宅内労働		③家族の世話		④出産		⑤母親が病弱		⑥近所に同年齢の友達や遊び場がない		⑦住宅が狭かったり住環境が悪い		⑧集団保育が子どもにとって大切	
A園	132	78.1	31	19.7	13	8.2	5	3.1	0	0.0	36	22.5	18	11.3	116	72.0
B園	97	68.3	42	31.3	14	10.5	12	9.1	6	4.5	40	29.9	23	17.3	102	75.6
C園	75	77.3	24	25.0	4	4.2	13	13.7	3	3.2	39	41.1	20	21.3	71	74.7
D園	83	78.3	20	19.4	11	10.8	5	5.0	0	0.0	31	30.4	10	9.9	78	76.5
E園	83	62.4	41	32.0	10	7.9	11	8.6	2	1.6	50	38.8	15	11.8	110	85.3
F園	74	73.3	15	15.5	11	11.1	11	11.3	2	2.0	28	28.9	13	13.3	76	78.4
G園	37	61.7	20	35.1	7	12.1	7	12.1	0	0.0	29	50.9	4	7.0	53	89.8
H園	102	54.0	79	42.2	24	13.0	9	4.8	4	2.2	96	51.3	33	17.7	161	86.6
I園	36	54.5	26	38.2	10	15.6	8	12.5	2	3.1	15	23.4	7	10.9	60	89.6
全体	719	67.6	298	29.1	104	10.2	81	7.9	19	1.9	364	35.5	143	14.0	827	80.2

(本表は「保育園への入園理由」の各設問〈①〜⑧〉において、「はい」を選んだ人数とパーセントを示している。ただし、NAを除く。)

表2−20 現在の保育園への入園理由 (人・%)

	①自宅から便利		②職場から便利		③保育時間が適切		④近所の友達もその保育園を希望していた		⑤保育方針、設備などが充実している		⑥福祉事務所からの指定		⑦近くに幼稚園がなかった	
A園	101	60.8	125	75.3	115	70.6	13	8.0	126	76.4	19	11.8	4	2.5
B園	115	80.4	54	40.3	83	61.0	27	20.3	53	39.8	29	21.8	14	10.6
C園	63	66.3	57	59.4	83	85.6	15	15.6	63	66.3	7	7.3	5	5.3
D園	98	93.3	41	39.4	68	65.4	16	15.5	52	50.0	10	9.6	7	6.8
E園	117	87.3	48	37.2	87	66.9	25	19.4	73	57.9	14	11.1	12	9.5
F園	100	99.0	27	27.6	63	64.3	42	42.9	51	53.1	11	11.7	10	10.4
G園	49	83.1	9	15.8	27	47.4	29	50.0	26	44.8	11	19.3	11	19.0
H園	164	85.9	41	22.4	125	66.8	97	52.4	96	51.9	32	17.2	27	14.6
I園	51	76.1	15	22.7	47	71.2	24	37.5	35	56.5	9	14.8	3	4.9
全体	858	80.9	417	40.4	698	67.2	288	28.0	575	56.2	142	13.9	93	9.2

(本表は「現在の保育園への入園理由」の各設問〈①〜⑦〉において、「はい」を選んだ人数とパーセントを示している。ただし、NAを除く。)

表2-21 母親の就労の有無 (人・%)

	はい		いいえ		NA		非該当	
A園	155	94.5	9	5.5	4	—	4	—
B園	122	88.4	16	11.6	4	—	2	—
C園	91	94.8	5	5.2	1	—	1	—
D園	97	91.4	8	7.6	1	—	1	—
E園	117	90.7	12	9.3	5	—	1	—
F園	76	80.9	18	19.1	4	—	3	—
G園	47	78.3	13	21.7	0	—	1	—
H園	166	89.7	19	10.3	4	—	3	—
I園	57	83.8	11	16.2	0	—	0	—
全体	928	89.3	111	10.7	23	—	16	—

表2-22 母親の就労理由 (人・%)

	①家業に人手が不足する		②一家の大黒柱として働かなければならない		③生計費の不足を補う		④もう少しゆとりのある生活をしたい		⑤将来計画のために、たくわえをする		⑥知識、技能を活かす		⑦働くことはそれだけですばらしい	
A園	30	21.3	35	24.1	113	74.8	103	70.5	113	75.8	75	51.0	80	54.8
B園	47	41.6	25	21.9	85	72.6	70	61.4	87	76.3	48	41.7	54	47.0
C園	28	32.6	12	14.1	58	67.4	53	62.4	63	72.4	27	31.8	41	47.7
D園	20	22.2	8	9.0	66	73.3	52	57.8	63	69.2	45	49.5	46	51.7
E園	36	32.1	11	9.8	78	67.2	77	67.5	72	64.3	44	39.3	55	49.1
F園	13	18.1	9	12.3	51	70.8	42	59.2	47	63.5	22	30.6	22	30.1
G園	15	35.7	6	14.3	29	69.0	30	69.8	26	61.9	19	43.2	20	46.5
H園	54	33.8	8	5.0	106	65.4	110	68.3	102	64.2	48	29.8	73	46.2
I園	19	34.5	4	7.3	36	64.3	34	60.7	45	78.9	23	41.1	22	38.6
全体	262	30.1	118	13.5	622	69.7	571	64.9	618	69.8	351	39.8	413	47.0

(本表は「母親の就労理由」の各設問〈①～⑦〉において,「はい」を選んだ人数とパーセントを示している。ただし,NA,非該当を除く。)

表2-23 母親の仕事の種類 (人・%)

	居宅外労働(6時間以上)		居宅外労働(6時間未満)		農業		家業・内職		MC・NA		非該当	
A園	110	71.4	17	11.0	0	0.0	27	17.5	5	—	13	—
B園	65	54.2	14	11.7	1	0.8	40	33.3	6	—	18	—
C園	63	70.0	6	6.7	0	0.0	21	23.3	2	—	6	—
D園	52	53.6	23	23.7	0	0.0	22	22.7	1	—	9	—
E園	45	39.1	22	19.1	2	1.7	46	40.0	7	—	13	—
F園	33	43.4	28	36.8	0	0.0	15	19.7	4	—	21	—
G園	25	54.3	7	15.2	6	13.0	8	17.4	1	—	14	—
H園	57	34.5	39	23.6	7	4.2	62	37.6	5	—	22	—
I園	23	41.1	9	16.1	5	8.9	19	33.9	1	—	11	—
全体	473	51.5	165	18.0	21	2.3	260	28.3	32	—	127	—

表2－24　母親の仕事時間（分）

	平日 N=880		土曜日 N=825	
	M	SD	M	SD
A園	526.1	105.99	355.9	169.82
B園	500.4	144.14	370.3	204.38
C園	543.2	99.97	433.0	183.26
D園	474.9	112.72	357.8	164.25
E園	452.2	133.42	356.9	200.27
F園	405.9	121.67	298.0	156.92
G園	487.3	134.95	379.3	189.20
H園	451.7	138.43	370.1	189.72
I園	466.7	117.05	345.3	165.60
全体	481.5	103.05	364.5	184.62

表2－25　通園手段　　　　　　　　　　　　　　（人・%）

	徒歩		電車・バス		自転車		バイク		自動車		その他		MC・NA	
A園	20	11.9	9	5.4	73	43.5	2	1.2	64	38.1	0	0.0	4	－
B園	49	35.3	3	2.2	55	39.6	0	0.0	31	22.3	1	0.7	5	－
C園	25	26.0	2	2.1	41	42.7	1	1.0	26	27.1	1	1.0	2	－
D園	16	15.2	1	1.0	56	53.3	9	8.6	22	21.0	1	1.0	2	－
E園	27	20.6	1	0.8	56	42.7	14	10.7	33	25.2	0	0.0	4	－
F園	57	58.2	1	1.0	24	24.5	11	11.2	5	5.1	0	0.0	3	－
G園	15	24.6	0	0.0	19	31.1	8	13.1	19	31.1	0	0.0	0	－
H園	26	13.7	0	0.0	101	53.2	11	5.8	52	27.4	0	0.0	2	－
I園	16	24.2	0	0.0	25	37.9	12	18.2	13	19.7	0	0.0	2	－
全体	251	23.8	17	1.6	450	42.7	68	6.5	265	25.1	3	0.3	24	－

表2－26　通園時間（分）

N=1063	M	SD
A園	15.5	9.83
B園	12.6	10.93
C園	12.6	9.42
D園	9.7	9.28
E園	10.7	8.85
F園	5.8	4.25
G園	9.6	6.65
H園	11.6	11.27
I園	11.1	9.15
全体	11.5	9.80

表2−27 保育園への送迎者（朝） (人・%)

		父		母		同居親族		別居親族		近所の人		その他		MC・NA	
A	園	38	23.3	116	71.2	5	3.1	4	2.5	0	0.0	0	0.0	9	−
B	園	23	16.5	96	69.1	8	5.8	11	7.9	1	0.7	0	0.0	5	−
C	園	20	21.3	67	71.3	5	5.3	2	2.1	0	0.0	0	0.0	4	−
D	園	11	10.4	84	79.2	7	6.6	4	3.8	0	0.0	0	0.0	1	−
E	園	10	7.6	110	84.0	5	3.8	5	3.8	1	0.8	0	0.0	4	−
F	園	5	5.1	88	88.9	6	6.1	0	0.0	0	0.0	0	0.0	2	−
G	園	2	3.4	49	83.1	8	13.1	0	0.0	0	0.0	0	0.0	2	−
H	園	15	8.0	149	79.3	18	9.1	2	1.1	3	1.6	1	0.5	4	−
I	園	5	7.5	51	76.1	3	4.5	6	9.0	0	0.0	2	3.0	1	−
全	体	129	12.3	810	77.4	65	6.2	34	3.3	5	0.5	3	0.3	32	−

表2−28 保育園への送迎者（夕方） (人・%)

		父		母		同居親族		別居親族		近所の人		その他		MC・NA	
A	園	27	16.3	119	71.7	6	3.6	12	7.2	2	1.2	0	0.0	6	−
B	園	14	10.1	96	69.6	13	9.4	13	9.4	1	0.7	1	0.7	6	−
C	園	11	12.1	62	68.1	10	11.0	8	8.8	0	0.0	0	0.0	7	−
D	園	5	4.9	77	74.8	14	13.6	7	6.8	0	0.0	0	0.0	4	−
E	園	7	5.5	101	79.5	6	4.7	10	7.9	1	0.8	2	1.6	8	−
F	園	1	1.0	85	88.5	6	6.3	1	1.0	2	2.1	1	1.0	5	−
G	園	1	1.7	41	68.3	14	23.3	2	3.3	1	1.7	1	1.7	1	−
H	園	10	5.4	138	74.2	28	15.1	6	3.2	3	1.6	1	0.5	6	−
I	園	0	0.0	42	64.6	10	15.4	7	10.8	1	1.5	5	7.7	3	−
全	体	76	7.4	761	73.7	107	10.4	66	6.4	11	1.1	11	1.1	46	−

表2−29 保育時間

		平日 N=1063		土曜日 N=1051	
		M	SD	M	SD
A	園	478.4	73.59	218.9	43.38
B	園	454.7	48.28	201.4	37.09
C	園	494.4	48.89	237.9	72.24
D	園	464.9	39.05	212.2	36.54
E	園	443.7	41.99	188.6	28.55
F	園	429.1	64.40	220.9	77.96
G	園	425.6	24.67	186.1	24.12
H	園	424.3	32.09	189.1	40.78
I	園	438.7	38.61	194.2	51.73
全	体	451.2	54.57	205.2	50.10

表2-30 保育時間に対する評価 (人・%)

	ちょうどいい		短すぎる		長すぎる		NA	
A 園	122	72.6	41	24.4	5	3.0	4	—
B 園	111	78.7	29	20.6	1	0.7	3	—
C 園	90	94.7	5	5.3	0	0.0	3	—
D 園	78	72.9	29	27.1	0	0.0	0	—
E 園	99	75.0	33	25.0	0	0.0	3	—
F 園	75	76.5	22	22.4	1	1.0	3	—
G 園	37	60.7	24	39.3	0	0.0	0	—
H 園	143	74.9	48	25.1	0	0.0	1	—
I 園	51	75.0	17	25.0	0	0.0	0	—
全体	806	76.0	248	23.4	7	0.7	17	—

表2-31 保育時間の延長希望（分）

	朝の保育時間 N=101		夕方の保育時間 N=221	
	M	SD	M	SD
A 園	25.0	14.14	47.1	16.73
B 園	33.8	13.60	44.6	30.46
C 園	40.0	24.50	50.0	17.32
D 園	22.2	10.64	46.5	25.79
E 園	34.7	12.46	48.8	34.71
F 園	26.2	7.68	47.6	24.29
G 園	33.8	10.61	56.3	28.41
H 園	36.9	24.72	52.2	25.55
I 園	45.0	21.21	46.6	15.78
全体	31.9	16.57	49.0	25.91

表2-32 保育時間不足への対応 (人・%)

	保育料を払って近所の人などにみてもらっている		無料で近所の人などにみてもらっている		親族でめんどうをみている		その他		MC・NA		非該当	
A 園	2	5.4	3	8.1	20	54.1	12	32.4	8	—	127	—
B 園	2	7.1	0	0.0	17	60.7	9	32.1	4	—	112	—
C 園	0	0.0	0	0.0	1	20.0	4	80.0	3	—	90	—
D 園	0	0.0	0	0.0	18	64.3	10	35.7	1	—	78	—
E 園	2	6.1	0	0.0	21	63.6	10	30.3	3	—	99	—
F 園	3	15.0	0	0.0	10	50.0	7	35.0	5	—	76	—
G 園	0	0.0	1	4.5	18	81.8	3	13.6	2	—	37	—
H 園	1	2.2	3	6.7	30	66.7	11	24.4	4	—	143	—
I 園	0	0.0	0	0.0	15	93.8	1	6.3	1	—	51	—
全体	10	4.3	7	3.0	150	64.1	67	28.6	31	—	813	—

表2－33　保育園が重点をおくべき役割　　　　　　　（人・%）

		家族にかわって身のまわりのせわをする		集団生活の中で子どもの全面的発達をうながす		読み書きなど子どもの知的発達をうながす		MC・NA	
A	園	3	1.8	164	97.6	1	0.6	4	—
B	園	10	6.9	130	90.3	4	2.8	0	—
C	園	2	2.1	91	94.8	3	3.1	2	—
D	園	4	3.7	99	92.5	4	3.7	0	—
E	園	2	1.5	124	94.7	5	3.8	4	—
F	園	5	5.0	91	91.0	4	4.0	1	—
G	園	2	3.3	56	91.8	3	4.9	0	—
H	園	5	2.6	182	95.3	4	2.1	1	—
I	園	2	2.9	65	95.6	1	1.5	0	—
全	体	35	3.3	1002	94.0	29	2.7	12	—

表2－34　保育園入園の対象となる子ども　　　　　　（人・%）

		母親の就労や病気などやむをえない家庭の子ども		母親の社会的余暇的活動のために保育にあたれない家庭の子ども		NA	
A	園	126	75.0	42	25.0	4	—
B	園	96	67.6	46	32.4	2	—
C	園	74	78.7	20	21.3	4	—
D	園	85	80.2	21	19.8	1	—
E	園	83	62.9	49	37.1	3	—
F	園	69	68.3	32	31.7	0	—
G	園	34	55.7	27	44.3	0	—
H	園	117	61.9	72	38.1	3	—
I	園	44	64.7	24	35.3	0	—
全	体	728	68.6	333	31.4	17	—

表2－35　保育園と幼稚園との関係　　　　　　　　　（人・%）

		保育園は3歳未満児，幼稚園は3歳以上児に		保育園は児童福祉施設，幼稚園は教育施設に		保育内容の質を均一に		幼保を一緒にした保育施設に		MC・NA	
A	園	15	8.9	11	6.5	104	61.9	38	22.6	4	—
B	園	11	7.7	22	15.5	64	45.0	45	31.7	2	—
C	園	4	4.2	6	6.3	49	52.1	35	57.2	4	—
D	園	9	8.7	4	3.9	60	58.3	30	29.1	4	—
E	園	4	3.0	8	6.1	63	48.5	55	42.3	5	—
F	園	17	16.8	16	15.8	28	27.7	40	39.6	0	—
G	園	5	8.4	16	27.1	25	42.3	13	22.0	2	—
H	園	15	7.9	28	14.8	94	49.7	52	27.5	3	—
I	園	5	7.4	9	13.2	37	54.4	17	25.0	0	—
全	体	85	8.1	120	11.4	524	49.7	325	30.8	24	—

表2-36　近隣における幼稚園の有無　(人・%)

	ある		ない		NA	
A園	146	86.4	23	13.6	3	—
B園	100	71.4	40	28.6	4	—
C園	77	79.4	20	20.6	1	—
D園	100	93.5	7	6.5	0	—
E園	121	91.7	11	8.3	3	—
F園	81	80.2	20	19.8	0	—
G園	55	90.2	6	9.8	0	—
H園	175	92.1	15	7.9	2	—
I園	63	94.0	4	6.0	1	—
全体	918	86.3	146	13.7	14	—

表2-37　幼稚園入園希望の有無　(人・%)

	はい		いいえ		どちらともいえない		NA	
A園	26	15.3	106	62.4	38	22.4	2	—
B園	31	21.8	71	50.0	40	28.2	2	—
C園	11	11.3	78	80.4	8	8.2	1	—
D園	15	14.2	66	62.3	25	23.6	1	—
E園	11	8.3	87	65.4	35	26.3	2	—
F園	28	27.7	51	50.5	22	21.8	0	—
G園	29	48.3	19	31.7	12	20.0	1	—
H園	10	5.3	121	64.0	58	30.7	3	—
I園	13	19.1	39	57.4	16	23.5	0	—
全体	174	16.3	638	59.8	254	23.8	12	—

表2-38　乳児保育のあり方　(人・%)

	母親によって家庭で保育		保育園で集団的に保育		その他		NA	
A園	120	70.2	38	22.2	13	7.6	1	—
B園	111	77.1	25	17.4	8	5.6	0	—
C園	76	80.0	11	11.6	8	8.4	3	—
D園	93	88.6	3	2.9	9	8.6	2	—
E園	114	85.1	13	9.7	7	5.2	1	—
F園	90	89.1	7	6.9	4	4.0	0	—
G園	55	90.2	2	3.3	4	6.6	0	—
H園	180	95.2	9	4.8	0	0.0	3	—
I園	56	83.6	7	10.4	4	6.0	1	—
全体	895	83.9	115	10.8	57	5.3	11	—

表2-39 保育内容に対する評価 (人・%)

	①遊び(屋外遊びも含む)		②体力づくりの指導		③絵本,造形,音楽などの指導		④文字や数などの指導		⑤しつけや性格づくり		⑥飼育や栽培		⑦交友関係を大事にすること		⑧行事	
A園	32	18.7	52	30.2	28	16.3	43	25.1	28	16.4	37	21.5	33	19.3	4	2.4
B園	29	20.3	52	36.4	31	21.7	62	43.7	24	16.9	53	37.1	26	18.3	3	2.1
C園	28	29.2	37	38.5	13	13.5	24	25.5	23	24.0	46	47.9	13	13.3	2	2.0
D園	15	14.0	28	26.2	18	16.8	42	39.3	24	22.4	43	40.2	24	22.6	6	5.7
E園	20	14.9	30	22.4	40	29.6	54	40.0	27	20.0	19	14.1	21	16.0	7	5.3
F園	10	9.9	21	20.8	25	25.0	38	38.0	28	27.7	21	21.0	15	15.2	1	1.0
G園	7	11.7	20	33.3	9	14.8	18	29.5	10	16.4	31	50.8	12	20.0	6	10.0
H園	42	21.9	76	39.8	23	12.0	55	28.6	38	19.8	58	30.2	47	24.5	9	4.7
I園	6	8.8	18	26.5	9	13.4	22	33.8	14	20.9	20	29.9	12	17.9	4	6.2
全体	189	17.6	334	31.2	196	18.3	358	33.6	216	20.1	328	30.6	203	19.0	42	4.0

(本表は「保育内容に対する評価」の各設問〈①~⑧〉において,「少なすぎると思う」を選んだ人数とパーセントを示している。ただし,NAを除く。)

表2-40 国や市の保育行政施策への要望 (MA) (人・%)

		①保育料をもっと安く		②保育時間をもっと延長		③乳児保育施設や定員をもっとふやす		④軽い病気になった場合でも保育園で保育		⑤障害児の保育の場(保育園)の拡充		⑥地域の母子のために保育園が相談や指導	
A	園	85	50.3	27	16.0	31	18.3	117	69.2	19	11.2	40	23.7
B	園	80	57.1	15	10.7	31	22.1	70	50.0	22	15.7	44	31.4
C	園	57	58.8	4	4.1	27	27.8	47	48.5	17	17.5	24	24.7
D	園	59	57.3	21	20.4	42	40.8	39	37.9	17	16.5	14	13.6
E	園	68	52.7	30	23.3	23	17.8	77	59.7	17	13.2	30	23.3
F	園	50	51.0	13	13.3	23	23.5	49	50.0	17	17.3	38	38.8
G	園	37	62.7	22	37.3	14	23.7	18	30.5	9	15.3	11	18.6
H	園	119	63.0	50	26.5	40	21.2	89	47.1	24	12.7	35	18.5
I	園	36	53.7	10	14.9	14	20.9	32	47.8	11	16.4	22	32.8
全体		591	56.2	192	18.3	245	23.3	538	51.2	153	14.6	258	24.5

(本表は「国や市の保育行政施策への要望」の設問において,各選択肢〈①~⑥〉を選んだ人数とパーセントを示している。ただし,MC,NAを除く。)

第3章　保母養成所生の卒業後の動向に関する調査

第1節　はじめに

　保母養成が時代の推移に伴い転換点にあるといわれ始めて久しい。1973～1975年以降の出生率の低下は以後の人口推移をみるかぎり再び明白な上昇傾向を取り戻さず，低出生率は定着したかに見え，人口の年齢別構成は静止形に移行しつつある。一方，未成年者と共に福祉サービスを必要とする可能性の高い老年人口の人口に対する比率は医療技術の進歩などの要因とも絡まって年経過と共に単調増加の傾向を示しており，推計では2000～2010年に年少（14歳以下）人口を上回ることが予測されている（厚生統計協会：1978）。このような事実は福祉政策が今後老人福祉に重点を移さざるを得ない前提条件を形づくっているかのように思われる。少なくとも保母の需要面について考えるなら，供給側にとっては厳しい環境になりつつあるといわざるを得ない状況がある。

　また，低成長経済時代に入り公的機関の抱える赤字が世論の批判を浴び，政府予算の中の福祉予算についても厳しい見直しがせまられている現況がある。このような経済的状況は，公務員の新規採用の停止，削減などの現象や公的機関が行っていたサービスの民間への移行などの現象を生じさせている。

　さらに，少数出産，低死亡率を背景にして幼児教育の重要性を指摘する意見とともに初期経験の重要性を示唆する知見が得られ始め，高度経済成長時代の経済優先の理由による保育所への託児に対する反省も見られる。いずれにしろこれらの状況は保母を養成し保育の現場に卒業生を送り出す立場にあっては，考慮すべき事態であるといって差し支えない。

　ところで，数多くの保母養成機関が存在する中にあって，筆者等の所属する厚生省指定の社会福祉法人立保母養成所は，その設立の趣旨からして，とりわけ，職業教育としての保母養成が要求される教育機関として位置付けることができよう。このように考えるとそこで行われる教育の成果は，最終的には卒業後の学生の進路，職場での評価によって決まるといっても過言ではない。

　したがって，このような，保母養成に厳しい状況下にある保母養成所の今後と

る方策を考えるにあたって，職場での卒業生の状況の把握が重要な課題になる。ところが卒業生の卒業後の職業に関する資料は，卒業時に行われる就職先の調査資料と同窓会などを通じて断片的に入ってくるものがあるに過ぎず，このことは，他の養成校についても同じと思われる。

このような点に鑑み，本校創立以来の卒業生に対して卒業後の就労状況，職場での適応状況に関連する項目によって構成された調査質問紙による調査を行った。そして，1．卒業年度によって変化があるか　2．職場に対する不満はどのような点か，などの観点からの分析を行った。

第2節　調査の概要

昭和59年5月30日現在の南海保専卒業生1637名の内，住所不明者を除く1,356名に対して付表1のような，卒業時の就職状況，卒業以後の就職状況，現在の職場に対する満足感ないしは職場適応に関連すると思われる意見や態度に関する項目を含む質問紙を郵送した。なお，この質問紙の項目27以降の質問項目の作成にあたって筆者等が作成した項目以外に長年保母養成に携わり，現在校長の職にあるものと，同じく長年福祉職に携わり福祉施設長職の経験あるものに対して，保母または福祉職員の職場適性にかかわる要因は何かという意見を求め，これを参考にして作成した項目が含まれている。

1,356名の内，昭和59年10月31日までに413名が回答を寄せてきた。これらの年次別の内訳は表3-1に示されている。また，これら413名の回答資料中には記入漏れ，明らかな誤回答が含まれる場合があるが，集計にあたってこれらの場合は無回答および不明回答としてあつかった。また，設問に対し答える必要のないものは無回答者として取り扱った。表中，昼間定時制，夜間の修業年限は3年，全日制は2年である。回収率は30.5％でこれは全卒業生数の25.2％にあたる。回答者の男女比及び昭和56年度以降の卒業時の保育所就職率において学校が把握する母集団のそれらと推計学的有意差は認めない。

表3－1 各年次の卒業生および卒業年次別調査表回収率

卒業年	全日制	夜間	昼間定時制	合計	回答者数	回収率
昭和46年			53	53	12	22.6 %
昭和47年			56	56	19	33.9 %
昭和48年			71	71	16	22.5 %
昭和49年			51	51	10	19.6 %
昭和50年		18	32	50	21	42.0 %
昭和51年		43	41	84	16	19.0 %
昭和52年		44	18	62	15	24.2 %
昭和53年		52	0	52	8	15.4 %
昭和54年	138	72	33	243	25	10.3 %
昭和55年	116	29		145	36	24.8 %
昭和56年	126	33		159	41	25.8 %
昭和57年	171	49		220	67	30.5 %
昭和58年	170	36		206	80	38.8 %
昭和59年	153	34		187	44	23.5 %
不明					3	
合計	874	410	355	1639	413	25.20 %

※住所不明を除く質問紙送付人数1356名。回収率＝413／1356×100＝30.45％

表 3－2－1

卒業年	不明	46	47	48	49	50	51	52	53	54	55	56	57	58	59	合計
●項目3：性別																
1. 女 性	100.0	100.0	100.0	100.0	100.0	100.0	100.0	100.0	100.0	100.0	100.0	100.0	97.0	95.0	86.4	96.9
2. 男 性	0.0	0.0	0.0	0.0	0.0	0.0	0.0	0.0	0.0	0.0	0.0	0.0	3.0	5.0	13.6	3.1
有効回答数	3	12	19	16	10	21	16	15	8	25	36	41	67	80	44	413
●項目4：未婚，既婚の別																
1. 未 婚	33.3	0.0	10.5	0.0	10.0	19.0	12.5	20.0	37.5	41.7	69.4	68.3	82.1	91.1	97.7	60.7
2. 既 婚	66.7	100.0	89.5	100.0	90.0	81.0	87.5	80.0	62.5	58.3	5.6	31.7	17.9	8.9	2.3	39.3
有効回答数	3	11	19	16	10	21	16	15	8	24	36	41	67	79	44	410
●項目5：本校卒業後就職しましたか。																
1. 就職した	100.0	100.0	100.0	100.0	100.0	95.0	100.0	86.7	57.1	92.0	94.4	95.0	97.0	96.1	85.7	94.3
2. 未 就 職	0.0	0.0	0.0	0.0	0.0	5.0	0.0	13.3	42.9	8.0	5.6	5.0	3.0	3.9	14.3	5.7
有効回答数	3	12	19	16	10	20	16	15	7	25	36	40	66	77	42	404
●項目6：就職先はいつごろ決まりましたか。(項目5で1.選択者のみ)																
1. 在 学 中	66.7	83.3	79.0	81.3	60.0	47.4	81.3	50.0	80.0	60.9	55.9	54.1	42.2	59.5	75.0	60.2
2. 卒業後1月後	0.0	8.3	5.3	0.0	10.0	31.6	6.3	25.0	20.0	17.4	14.7	24.3	28.1	23.0	19.4	19.5
3. 約2月後	0.0	0.0	0.0	0.0	0.0	0.0	6.3	8.3	0.0	8.7	2.9	0.0	3.1	4.1	2.8	2.9
4. 約3月後	0.0	0.0	0.0	0.0	0.0	0.0	0.0	8.3	0.0	0.0	5.9	0.0	6.3	5.4	2.8	3.2
5. 約半年後	0.0	8.3	5.3	12.5	0.0	10.5	0.0	0.0	0.0	13.0	5.9	13.5	6.3	5.4	0.0	6.3
6. 約1年後	33.3	0.0	5.3	0.0	30.0	0.0	6.3	8.3	0.0	0.0	11.8	2.7	12.5	2.7	0.0	5.8
7. 約2年後	0.0	0.0	0.0	6.3	0.0	5.3	0.0	0.0	0.0	0.0	2.9	2.7	1.6	0.0	0.0	1.3
8. 3年以上	0.0	0.0	5.3	0.0	0.0	5.3	0.0	0.0	0.0	0.0	0.0	2.7	0.0	0.0	0.0	0.8
有効回答数	3	12	19	16	10	19	16	12	5	23	34	37	64	74	36	380

第3章 保母養成所生の卒業後の動向に関する調査

表3-2-2

●項目7：最初の就職先はどちらですか。(項目5で1.選択者のみ)

卒業年	不明	46	47	48	49	50	51	52	53	54	55	56	57	58	59	合計
1.乳児院	0.0	0.0	0.0	0.0	0.0	0.0	0.0	0.0	0.0	0.0	0.0	0.0	3.2	0.0	2.8	0.8
2.母子寮	0.0	0.0	0.0	0.0	10.0	0.0	0.0	0.0	0.0	0.0	0.0	0.0	0.0	0.0	0.0	0.3
3.保育所	66.7	83.3	94.7	93.3	70.0	68.4	75.0	69.2	33.3	59.1	75.0	68.4	50.0	48.5	41.7	61.7
4.児厚施設	0.0	0.0	0.0	0.0	0.0	0.0	0.0	0.0	0.0	0.0	0.0	0.0	0.0	0.0	0.0	0.3
5.養護施設	0.0	0.0	0.0	0.0	0.0	0.0	12.5	15.4	0.0	9.1	3.1	0.0	3.2	8.8	11.1	5.4
6.精児施設	0.0	0.0	5.3	0.0	10.0	0.0	0.0	0.0	0.0	0.0	0.0	2.6	0.0	4.4	0.0	1.4
7.精薄施設	0.0	0.0	0.0	0.0	0.0	5.3	0.0	0.0	0.0	0.0	0.0	0.0	1.6	1.5	5.6	1.6
8.盲ろうあ	0.0	0.0	0.0	0.0	0.0	0.0	0.0	0.0	33.3	0.0	3.1	0.0	0.0	0.0	0.0	0.5
9.虚弱児	0.0	0.0	0.0	0.0	0.0	0.0	0.0	0.0	0.0	0.0	0.0	0.0	0.0	0.0	0.0	0.0
10.肢体不自由	0.0	0.0	0.0	0.0	0.0	0.0	0.0	0.0	0.0	4.5	0.0	0.0	1.6	1.5	0.0	0.8
11.重症心身	0.0	0.0	0.0	0.0	0.0	0.0	0.0	0.0	0.0	0.0	0.0	0.0	3.2	0.0	0.0	0.5
12.情緒障害	0.0	0.0	0.0	0.0	0.0	0.0	0.0	0.0	0.0	0.0	0.0	0.0	0.0	0.0	0.0	0.0
13.教護院	0.0	0.0	0.0	0.0	0.0	0.0	0.0	0.0	0.0	0.0	0.0	0.0	0.0	0.0	0.0	0.0
14.精薄援護	0.0	0.0	0.0	0.0	0.0	0.0	6.3	0.0	33.3	4.5	0.0	5.3	1.6	0.0	0.0	1.9
15.身障援護	0.0	0.0	0.0	0.0	0.0	0.0	0.0	0.0	0.0	0.0	0.0	0.0	1.6	0.0	0.0	0.3
16.保護施設	0.0	0.0	0.0	0.0	0.0	0.0	0.0	0.0	0.0	0.0	0.0	0.0	0.0	1.5	0.0	0.3
17.老人福祉	0.0	0.0	0.0	0.0	0.0	0.0	0.0	0.0	0.0	9.1	6.3	5.3	3.2	5.9	22.2	4.9
18.無認可保	0.0	0.0	0.0	0.0	0.0	15.8	0.0	7.7	0.0	0.0	6.3	7.9	9.7	11.8	2.8	7.3
19.社協	0.0	0.0	0.0	0.0	0.0	0.0	6.3	0.0	0.0	0.0	3.1	0.0	0.0	0.0	0.0	0.5
20.社福機関	0.0	0.0	0.0	0.0	0.0	0.0	0.0	0.0	0.0	0.0	0.0	0.0	0.0	0.0	0.0	0.0
21.一般企業	0.0	0.0	0.0	0.0	10.0	0.0	0.0	0.0	0.0	9.1	0.0	5.3	8.1	10.3	5.6	5.2
22.その他	33.3	0.0	0.0	0.0	0.0	10.5	0.0	7.7	0.0	4.5	0.0	5.3	12.9	5.9	8.3	6.3
有効回答数	3	12	19	15	10	19	16	13	3	22	32	38	62	68	36	368

表3－2－3

卒業年	不明	46	47	48	49	50	51	52	53	54	55	56	57	58	59	合計
●項目8：あなたはどの立場で採用されたのでしょう。（項目7の1.～18.選択者のみ記入）																
1.正規職員	100.0	91.7	88.2	100.0	100.0	100.0	86.7	63.6	100.0	66.7	75.9	81.8	54.2	56.4	58.6	72.6
2.産休職員	0.0	0.0	5.9	0.0	0.0	0.0	6.7	36.4	0.0	11.1	3.4	9.1	12.5	9.1	6.9	8.0
3.パート	0.0	0.0	0.0	0.0	0.0	0.0	0.0	0.0	0.0	0.0	3.4	0.0	4.2	7.3	10.3	3.2
4.アルバイト	0.0	8.3	5.9	0.0	0.0	0.0	6.7	0.0	0.0	5.6	17.2	9.1	22.9	18.2	24.1	12.7
5.その他	0.0	0.0	0.0	0.0	0.0	0.0	0.0	0.0	0.0	16.7	0.0	0.0	6.3	9.1	0.0	3.5
有効回答数	2	12	17	15	9	17	15	11	4	18	29	33	48	55	29	314
●項目9：その施設の運営形態は次のどれにあてはまりますか。（項目7の1.～18.選択者のみ記入）																
1.公立公営	50.0	50.3	68.4	66.7	88.9	50.0	53.3	30.0	0.0	29.4	39.3	42.4	44.7	33.9	13.8	42.4
2.公立民営	0.0	8.3	0.0	0.0	0.0	6.3	6.7	10.0	0.0	0.0	3.6	9.1	4.3	3.6	3.4	4.2
3.民間団体	50.0	33.3	26.3	33.3	11.1	37.5	40.0	50.0	100.0	64.7	53.6	42.4	42.6	55.4	82.8	48.6
4.その他	0.0	0.0	5.3	0.0	0.0	6.3	0.0	10.0	0.0	5.9	3.6	6.1	8.5	7.1	0.0	4.8
有効回答数	2	12	19	15	9	16	15	10	3	17	28	33	47	56	29	311
●項目15：現在働いていますか。（非常勤を含む）																
1.はい	33.3	72.7	73.7	68.8	90.0	40.0	37.5	57.1	37.5	68.2	70.6	72.5	80.6	92.4	86.4	74.9
2.いいえ	66.7	27.3	26.3	31.3	10.0	55.0	62.5	42.9	62.5	31.8	29.4	27.5	19.4	7.6	13.6	25.1
有効回答数	3	11	19	16	10	20	16	14	8	22	34	40	67	79	44	403

第3章 保母養成所生の卒業後の動向に関する調査

表3－2－4 項目16：現在働いている方（項目15の1.選択者）にうかがいます。勤務先はどちらですか。

卒業年	不明	46	47	48	49	50	51	52	53	54	55	56	57	58	59	合計
1.乳児院	0.0	0.0	0.0	0.0	0.0	0.0	0.0	0.0	0.0	0.0	0.0	0.0	5.6	0.0	2.8	1.3
2.母子寮	0.0	0.0	0.0	0.0	0.0	0.0	0.0	0.0	0.0	0.0	0.0	3.4	0.0	0.0	0.0	0.3
3.保育所	100.0	75.0	85.7	90.9	77.8	77.8	50.0	50.0	66.7	60.0	75.0	58.6	46.3	44.3	41.7	56.2
4.児厚施設	0.0	0.0	0.0	0.0	0.0	0.0	0.0	0.0	0.0	0.0	0.0	0.0	0.0	0.0	0.0	0.3
5.養護施設	0.0	0.0	0.0	0.0	0.0	0.0	0.0	12.5	0.0	6.7	4.2	0.0	5.6	11.4	11.1	5.7
6.精薄施設	0.0	0.0	0.0	0.0	0.0	0.0	0.0	0.0	0.0	0.0	0.0	0.0	1.8	2.9	0.0	1.0
7.精薄通園	0.0	0.0	0.0	0.0	0.0	0.0	0.0	0.0	0.0	0.0	0.0	3.4	0.0	1.4	2.8	1.0
8.盲ろうあ	0.0	0.0	0.0	0.0	0.0	0.0	0.0	0.0	0.0	0.0	0.0	0.0	0.0	0.0	0.0	0.0
9.虚弱児	0.0	0.0	0.0	0.0	0.0	0.0	0.0	0.0	0.0	0.0	0.0	0.0	0.0	0.0	0.0	0.0
10.肢不自由	0.0	0.0	0.0	0.0	0.0	0.0	0.0	0.0	0.0	6.7	0.0	3.4	1.9	1.4	0.0	1.3
11.重症心身	0.0	0.0	0.0	0.0	0.0	0.0	0.0	0.0	0.0	0.0	0.0	0.0	5.6	0.0	0.0	1.0
12.情緒障害	0.0	0.0	0.0	0.0	0.0	0.0	0.0	0.0	0.0	0.0	0.0	0.0	0.0	0.0	0.0	0.0
13.救護院	0.0	0.0	0.0	0.0	0.0	0.0	0.0	0.0	0.0	0.0	0.0	0.0	0.0	0.0	0.0	0.0
14.精薄援護	0.0	0.0	0.0	0.0	0.0	0.0	0.0	0.0	33.3	0.0	0.0	10.3	0.0	0.0	0.0	1.3
15.身障援護	0.0	12.5	0.0	0.0	0.0	0.0	0.0	0.0	0.0	0.0	0.0	0.0	0.0	0.0	0.0	0.3
16.保護施設	0.0	0.0	0.0	0.0	0.0	0.0	0.0	0.0	0.0	0.0	0.0	0.0	0.0	1.4	0.0	0.3
17.老人福祉	0.0	0.0	7.1	0.0	0.0	0.0	0.0	0.0	0.0	13.3	4.2	6.9	0.0	5.7	25.0	6.7
18.無認可保	0.0	0.0	7.1	9.1	0.0	0.0	0.0	12.5	0.0	0.0	0.0	6.9	7.4	14.3	2.8	6.4
19.社協	0.0	0.0	0.0	0.0	0.0	0.0	16.7	0.0	0.0	0.0	4.2	0.0	0.0	0.0	0.0	0.7
20.社福機関	0.0	0.0	0.0	0.0	0.0	0.0	0.0	0.0	0.0	0.0	0.0	0.0	0.0	0.0	0.0	0.0
21.一般企業	0.0	0.0	0.0	0.0	11.1	0.0	0.0	12.5	0.0	6.7	4.1	3.4	13.0	10.0	5.6	7.1
22.その他	0.0	12.5	0.0	0.0	11.1	22.2	33.3	12.5	0.0	6.7	8.3	3.4	13.0	7.1	8.3	8.8
有効回答数	1	8	14	11	9	9	6	8	3	15	24	29	54	70	36	297

表 3-2-5

卒業年	不明	46	47	48	49	50	51	52	53	54	55	56	57	58	59	合計
●項目17：あなたの勤務上の立場は次のどれでしょう。（項目16の1.～18.選択者のみ記入）																
1.正 採 用	100.0	85.7	92.9	100.0	100.0	100.0	100.0	66.7	100.0	92.3	85.0	92.6	82.5	69.6	61.3	81.3
2.産 休 代 替	0.0	0.0	7.1	0.0	0.0	0.0	0.0	0.0	0.0	0.0	0.0	3.7	2.5	5.4	6.5	3.3
3.パ ー ト	0.0	14.3	0.0	0.0	0.0	0.0	0.0	16.7	0.0	0.0	0.0	0.0	2.5	7.1	9.7	4.1
4.アルバイト	0.0	0.0	0.0	0.0	0.0	0.0	0.0	16.7	0.0	7.7	15.0	3.7	7.5	10.7	22.6	8.9
5.そ の 他	0.0	0.0	0.0	0.0	0.0	0.0	0.0	0.0	0.0	0.0	0.0	0.0	5.0	0.0	0.0	2.4
有効回答数	1	7	14	11	7	7	3	6	3	13	20	27	40	56	31	246
●項目18：あなたの勤務上の職名は次のどれでしょうか。（項目16の1.～18.選択者のみ記入）																
1.施 設 長	0.0	14.3	0.0	0.0	0.0	0.0	0.0	0.0	0.0	0.0	0.0	0.0	0.0	1.8	0.0	0.8
2.主 任	0.0	0.0	7.1	18.2	0.0	14.3	0.0	16.7	0.0	0.0	0.0	0.0	2.5	0.0	0.0	2.4
3.保 母	100.0	71.4	78.6	81.8	100.0	71.4	100.0	66.7	66.7	84.6	95.0	81.5	95.0	83.9	71.0	83.7
4.寮 母	0.0	14.3	7.1	0.0	0.0	0.0	0.0	0.0	0.0	15.4	5.0	7.4	0.0	10.7	22.6	8.1
5.教 母	0.0	0.0	0.0	0.0	0.0	0.0	0.0	0.0	0.0	0.0	0.0	0.0	0.0	0.0	0.0	0.0
6.児童指導員	0.0	0.0	0.0	0.0	0.0	0.0	0.0	16.7	0.0	0.0	0.0	0.0	0.0	3.5	0.0	1.2
7.生活指導員	0.0	0.0	0.0	0.0	0.0	0.0	0.0	0.0	0.0	0.0	0.0	7.4	2.5	0.0	3.2	1.6
8.事務職員	0.0	0.0	0.0	0.0	0.0	0.0	0.0	0.0	0.0	0.0	0.0	0.0	0.0	0.0	0.0	0.0
9.そ の 他	0.0	0.0	7.1	0.0	0.0	14.3	0.0	0.0	33.3	0.0	0.0	3.7	0.0	0.0	3.2	2.0
有効回答数	1	7	14	11	7	7	3	6	3	13	20	27	40	56	31	246
●項目19：あなたの施設の運営形態は次のどれにあてはまりますか。（項目16の1.～18.選択者のみ記入）																
1.公 立 公 営	100.0	57.1	69.2	60.0	100.0	100.0	100.0	66.7	33.3	21.4	52.6	44.4	29.7	25.5	13.3	39.9
2.公 立 民 営	0.0	14.3	0.0	10.0	0.0	0.0	0.0	16.7	0.0	7.1	0.0	14.8	8.1	5.5	3.3	6.3
3.民 間 団 体	0.0	28.6	23.1	30.0	0.0	0.0	0.0	0.0	33.3	64.3	47.4	37.0	59.5	58.2	83.3	48.7
4.そ の 他	0.0	0.0	7.7	0.0	0.0	0.0	0.0	16.7	33.3	7.1	0.0	3.7	2.7	10.9	0.0	5.0
有効回答数	1	7	13	10	7	6	3	6	3	14	19	27	37	55	30	238

第3章 保母養成所生の卒業後の動向に関する調査

表3-2-6

卒業年	不明	46	47	48	49	50	51	52	53	54	55	56	57	58	59	合計
●項目20：あなたの施設の職員数は（非常勤を含む）次のどれにあてはまりますか。（項目16の1.～18.選択者のみ記入）																	
1. 5名以内	0.0	14.3	7.7	0.0	14.3	0.0	0.0	16.7	0.0	0.0	0.0	3.8	2.6	7.1	3.3	4.6
2. 6-10名	0.0	28.6	38.5	20.0	57.1	57.1	0.0	16.7	66.7	7.1	20.0	19.2	18.4	19.6	16.7	22.0
3. 11-20名	100.0	28.6	30.8	60.0	0.0	28.6	0.0	50.0	0.0	42.9	30.0	38.5	31.6	37.5	26.7	33.6
4. 21-30名	0.0	14.3	23.1	0.0	14.3	14.3	33.3	16.7	33.3	21.4	40.0	19.2	18.4	25.0	33.3	23.2
5. 31-40名	0.0	0.0	0.0	10.0	14.3	0.0	33.3	0.0	0.0	7.1	5.0	3.8	7.9	3.6	10.0	6.2
6. 41-50名	0.0	0.0	0.0	0.0	0.0	0.0	33.3	0.0	0.0	7.1	5.0	7.7	2.6	3.6	3.3	3.7
7. 51名以上	0.0	14.3	0.0	0.0	0.0	0.0	0.0	0.0	0.0	14.3	0.0	7.7	18.4	3.6	6.7	6.6
有効回答数	1	7	13	10	7	7	3	6	3	14	20	26	38	56	30	241
●項目21：現在の職場に勤めらて何年になりますか。（項目16の1.～18.選択者で昭和59年卒業生でないものの記入）																	
1. 1年	0.0	0.0	23.1	0.0	0.0	0.0	0.0	16.7	0.0	0.0	10.0	7.7	20.0	85.7		
2. 2年	0.0	14.3	7.7	0.0	0.0	0.0	0.0	16.7	0.0	23.1	0.0	15.4	不明7.34.3	9.5		
3. 3年	0.0	14.3	7.7	10.0	0.0	0.0	0.0	16.7	0.0	0.0	10.0	46.2	34.3	0.0		
4. 4年	0.0	14.3	0.0	0.0	0.0	0.0	0.0	0.0	0.0	23.1	55.0	26.9	0.0	0.0		
5. 5年以上	100.0	57.1	61.5	90.0	100.0	100.0	100.0	50.0	100.0	53.8	25.0	3.8	0.0	4.8		
有効回答数	1	7	13	10	7	7	3	6	3	13	20	26	35	42		
●項目22：今まで職場を何回変わりましたか。（人事異動は除く）（項目16の1.～18.選択者のみ記入）																	
1. 1回	0.0	16.7	0.0	30.0	33.3	33.3	0.0	16.7	0.0	14.3	21.1	15.4	21.1	11.3	7.7	15.2
2. 2回	0.0	33.3	23.1	10.0	0.0	0.0	0.0	16.7	66.7	21.4	0.0	3.8	5.3	1.9	0.0	7.0
3. 3回	0.0	0.0	0.0	10.0	0.0	0.0	0.0	16.7	0.0	0.0	0.0	3.8	2.6	5.7	0.0	3.0
4. 4回	0.0	0.0	7.7	0.0	0.0	0.0	0.0	0.0	0.0	0.0	0.0	0.0	2.6	0.0	0.0	0.9
5. 5回以上	0.0	0.0	7.7	0.0	0.0	0.0	0.0	16.7	0.0	7.1	0.0	3.8	2.6	0.0	0.0	1.7
6. 変わらず	100.0	50.0	61.5	50.0	66.7	66.7	100.0	33.3	33.3	57.1	78.9	73.1	68.4	81.1	92.3	72.2
有効回答数	1	6	13	10	6	6	3	6	3	14	19	26	38	53	26	230

表3-2-7

卒業年	不明	46	47	48	49	50	51	52	53	54	55	56	57	58	59	合計
●項目23：あなたは平均して年に何回、研修に行かれますか。（項目16の1.～18.選択者のみ記入）																
1. 1 回	0.0	16.7	8.3	10.0	14.3	14.3	0.0	16.7	33.3	28.6	21.1	28.0	16.2	13.0	12.0	16.8
2. 2 回	0.0	33.3	25.0	10.0	42.9	28.6	0.0	0.0	0.0	21.4	10.5	16.0	8.1	10.9	4.0	13.2
3. 3 回	0.0	0.0	25.0	20.0	0.0	14.3	33.3	16.7	0.0	21.4	10.5	16.0	13.5	8.7	0.0	11.8
4. 4 回	0.0	16.7	16.7	30.0	28.6	28.6	0.0	33.3	0.0	7.1	5.3	0.0	8.1	4.3	4.0	9.1
5. 5 回以上	0.0	0.0	0.0	30.0	14.3	0.0	66.7	16.7	66.7	7.1	42.1	36.0	24.3	19.6	16.0	22.3
6. 行かない	0.0	33.3	25.0	0.0	0.0	14.3	0.0	16.7	0.0	14.3	10.5	4.0	29.7	43.5	64.0	26.8
有効回答数	0	6	12	10	7	7	3	6	3	14	19	25	37	46	25	220
●項目24：現在の職場に満足していますか。（項目16の1.～18.選択者のみ記入）																
1. 満 足	0.0	0.0	9.1	40.0	14.3	14.3	0.0	16.7	0.0	21.4	42.1	20.0	26.3	29.1	40.0	26.3
2. やや満足	100.0	57.1	27.3	20.0	57.1	28.6	66.7	66.7	33.3	42.9	10.5	32.0	23.7	23.6	16.7	28.0
3. 普 通	0.0	28.6	27.3	20.0	0.0	57.1	0.0	0.0	33.3	14.3	36.8	28.0	26.3	16.4	33.3	24.2
4. やや不満	0.0	14.3	18.2	20.0	28.6	0.0	0.0	16.7	33.3	14.3	5.3	12.0	10.5	25.5	3.3	14.4
5. 不 満	0.0	0.0	18.2	0.0	0.0	0.0	33.3	0.0	0.0	7.1	5.3	8.0	13.2	5.5	6.7	7.2
有効回答数	1	7	11	10	7	7	3	6	3	14	19	25	38	55	30	236
●項目25：現在、仕事の事で困ったりすることがありますか。（項目16の1.～18.選択者のみ記入）																
1. よくある	0.0	0.0	25.0	10.0	14.3	14.3	33.3	16.7	33.3	0.0	10.5	11.5	10.6	25.0	20.0	15.9
2. 時々ある	100.0	71.4	66.7	60.0	57.1	71.4	66.7	66.7	66.7	92.9	78.9	65.4	60.5	58.9	50.0	64.0
3. あまりない	0.0	28.6	8.3	20.0	28.6	14.3	0.0	16.7	0.0	7.1	10.5	19.2	26.3	14.3	23.3	17.6
4. 全くない	0.0	0.0	0.0	10.0	0.0	0.0	0.0	0.0	0.0	0.0	0.0	3.8	2.6	1.8	6.7	2.5
有効回答数	1	7	12	10	7	7	3	6	3	14	19	26	38	56	30	239

第3節　就職状況の変遷

　表3-2-1から表3-2-7は項目1-25までの回答状況を卒業年次別に集計したものである。表中の数字は各卒業年の無回答者を除いた有効回答者数に対する項目選択肢の選択率，即ち縦合計に対する比を％表示したものである。また，合計欄では，すべての有効回答数に対する各選択肢の選択率を表示している。設問，選択肢の表現はスペースの都合上変えてあるが，本稿のおわりに記している付表1を参照されたい。

　項目5は卒業当時の就職状況を問うた質問項目であるが，53年度を除いていずれの卒業年度においてもほぼ90～100％の就職率が示されている。特に昭和46～51年度では，100％近い値が示されている。

　しかし，卒業時の就職状況において52年以降就職率にややかげりが認められるように思えるが，これは，この時期が本校がはじめて全日制の卒業生を出した時期であること，卒業生の人数が飛躍的に増加した時期である事と符合しているかもしれない。昭和59年卒業者の就職した者の％は85.7％で他の年度と比較してやや低いが，これは本調査が実施された日時が，卒業日から少ししか経過していないためと思われる。

　卒業時どのような所に就職したかを問う項目（項目7）では，昭和56年を境

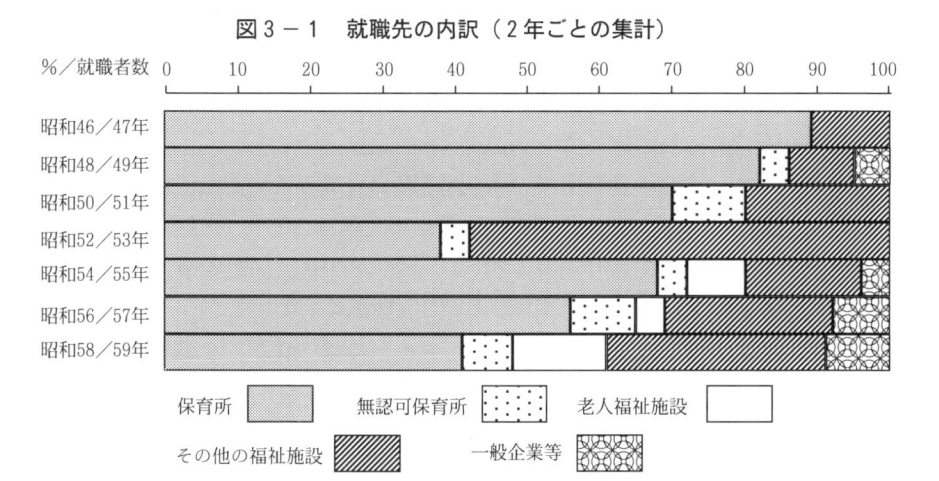

図3-1　就職先の内訳（2年ごとの集計）

保育所　　無認可保育所　　老人福祉施設
その他の福祉施設　　一般企業等

に就職先に若干の異なる傾向が認められる。すなわち，一部の例外（昭和53年）を除いて，昭和56年以前では，保育所への就職が概ね60～90%であるが，以後50%を切る値が示されている。これに反して，老人福祉施設，無認可保育所などそれ以外の福祉関連施設へ勤める者が55,56年以降出現し始めている。特に老人福祉施設への就職は，昭和54年から始まっており，昭和59年卒業生の約20%が老人福祉施設に就職している。このような傾向を明確にするため，2年を1ブロックとして就職先の比率を図示したのが図3-1である。

昭和56年を境にして，就職先に変化が認められるのと，軌を一にして，正式採用による就職が減少し，57年以降，正式採用で就職したものは，60%を切っている。逆にアルバイトその他での就職は昭和55年，56年あたりから目立ち始めている。以上のような結果は共に昭和55,56,57年あたりから，保母としての就職が困難な状況が出現し始めてきたことを示唆している。

就職先の運営形態は，あまり明確ではないが公立公営が年毎に減少し，逆に民間団体への就職が増えている（特に最も直近の卒業生では82.8%を示す）ように見える。

現在職業を持っているかを聞いた項目15では，年次経過に伴う明確な一定の変化傾向を見出すことはできず，多くは60～80%の値を示している。いくぶん，最近の卒業生の就業率が高いが，しかし，旧い卒業生でも70～80%の値が示されており，常識的に考えられるように，結婚などによる退職者が思いの外，少数であると考えられる。特に現在の就職先を尋ねた項目16では保育所保母として就労している者の比率は卒業年度が旧くなるほど高くなり，保育所保母職に対する定着率が高いことを示唆している。

現在就労している者の勤務上の立場を聞く項目（項目17）では，卒業時のそれ（項目8）と同じように，正式採用者の比率は年次経過とともに減少傾向をみせている。しかし，比較的新しい卒業生でも，項目8の正式採用者率より増加しており，時期を経て常勤になるケースが多いことを示唆している。

ともあれ，これらの結果は年を追って正式の保母職に就くことが困難な状況になりつつある事を示している。

現在，働いている所が，公立か民間団体かについては（項目19），先の卒業時における傾向が，一層鮮明になっている。すなわち，公務員として就労している

者の比率は，年次経過とともに減少し，特に最近3年では激減の様子を示している。昭和59年卒業生は僅か13.3％となっておりきわめて低く，逆に民間が83.3％という値が示されている。

項目20～25に関しては特に年次経過に伴う一定の明確な変化を指摘しえないか，あるいは，年を経て当然生じる変化しか生じていない。

第4節　職場における不満の分析

1．不満関連項目

以上保育専門学校卒業生の就職状況について概観してきたが，それでは福祉職に就いた者が現在の職場にどのような感情を抱いているのであろうか。この問題は福祉職の適性の問題と密接に関連しているし，また，職場のあり方を検討する上で重要な課題を提供すると思われる。この調査で用いられた質問表の中には，現在働いている職場に不満を抱いているか否かを5段階評価によって問うた項目（項目24）が含まれている。

どのような事柄が不満なのか明らかにするため，項目24と項目27以降84項目までの項目とのクロス集計が行われ，2項目間の連関値（ϕ係数）が計算され，χ^2検定による検討が行われた。その結果，項目27～84までの間に19の項目が，項目24と5％水準（片側検定）以上の有意な関連を示した。これらの項目のクロス集計結果は表3－4－1から表3－4－19に示されている。

人間関係で悩むことが多い（項目29）と答えた者の人数は不満度が上昇するほど多くなっている。人間関係を問う項目には上司との人間関係についての項目が含まれているが（項目32，36），同僚との人間関係を問う項目（項目31）と不満感の間に明確な関連が見出されなかったのに反して，不満度が上昇するにつれて，上司との人間関係が思わしくないことを示唆する結果が示されている（表3－4－4，3－4－6）。また，職場の人間関係と関係すると思われる他の項目である項目46「職場の秩序は乱したくない」，項目78「私の職場は家族的な雰囲気がある」，項目63「私はいつも気配りを忘れない」では，職場に対する不満度が上昇するほど「はい」と答える者の比率が下降する傾向がある（表3－4－11，3－4－18，3－4－14）。

勤務条件に関する項目では，当然の結果であるが，不満度が上昇するほど賃金

が低い，勤務時間が長いと答える比率が上昇している（表3－4－2，表3－4－16）。

職場での肉体的，精神的疲労感ないしは不健康感を表現した項目と不満度を問う項目で有意な関連が見出されている。すなわち，不満度が高い程，「仕事中にいらいらすることがある（項目43）」「健康状態がすぐれないことが多い（項目74）」「仕事のことを考えると気がめいってしまう（項目27）」「仕事が終わると疲れてぐったりすることが多い（項目42）」に「はい」と答える率が高く，「社会福祉に関係のない仕事の方が，どちらかというと向いているように思う（項目37）」と答えている。

「できることなら転職したい（項目33）」と不満度を問う項目は，最も高い連関値 $\phi = .369$（$\chi^2 = 90.18$, df = 8）を示し，不満と転職希望は密接な関連があることを指示している。

表3－4－1　　（欄内の数値は縦N数に対する％）

項目27：仕事の事を考えると気がめいってしまう						
	満 足	やや満足	どちらでもない	やや不満	不 満	N
は　い	3.23	7.58	8.93	9.09	35.29	21
？	4.84	7.58	28.57	21.21	5.88	32
いいえ	91.94	84.4	62.50	69.70	58.82	181
N	62	66	56	33	17	234

$\phi = .236$　$\chi^2 = 36.88$　P＜.001

表3－4－2　　（％）

項目28：私の仕事は勤務時間が長すぎる						
	満 足	やや満足	どちらでもない	やや不満	不 満	N
は　い	9.68	12.5	25.00	38.24	41.18	48
？	4.84	10.94	12.50	11.76	11.76	23
いいえ	85.48	76.56	62.50	50.00	47.06	162
N	62	64	56	34	17	

$\phi = .236$　$\chi^2 = 23.25$　P＜.005

表 3 − 4 − 3 (%)

項目29：職場の人間関係で悩むことが多い						
	満　足	やや満足	どちらでもない	やや不満	不　満	N
は　い	9.68	18.46	37.50	35.29	58.82	61
？	14.52	20.00	17.86	20.59	17.65	42
いいえ	75.81	61.54	44.64	44.12	23.53	131
N	62	65	56	34	17	

$\phi = .211 \quad \chi^2 = 29.49 \quad P<.001$

表 3 − 4 − 4 (%)

項目32：上司と仕事の事で衝突することが多い						
	満　足	やや満足	どちらでもない	やや不満	不　満	N
は　い	3.23	14.06	8.93	21.21	58.82	33
？	8.06	17.19	30.36	18.18	23.53	43
いいえ	88.71	68.75	60.71	60.61	17.65	156
N	62	64	56	33	17	

$\phi = .277 \quad \chi^2 = 50.53 \quad P<.001$

表 3 − 4 − 5 (%)

項目33：できることなら転職したい						
	満　足	やや満足	どちらでもない	やや不満	不　満	N
は　い	1.61	4.62	14.55	35.29	70.59	36
？	3.23	12.31	30.91	20.59	0.00	34
いいえ	95.16	83.08	54.55	44.12	29.41	163
N	62	65	55	34	17	

$\phi = .369 \quad \chi^2 = 90.18 \quad P<.001$

表 3 − 4 − 6 (%)

項目36：上司の考えかたと合わないことがある						
	満　足	やや満足	どちらでもない	やや不満	不　満	N
は　い	24.19	59.38	53.57	69.70	94.12	122
？	20.97	12.50	17.86	9.09	5.88	35
いいえ	54.84	28.13	28.57	21.21	0.00	73
N	62	64	56	33	17	

$\phi = .242 \quad \chi^2 = 38.29 \quad P<.001$

表3－4－7　(%)

項目37：社会福祉に関係のない仕事の方がどちらかというと向いている						
	満足	やや満足	どちらでもない	やや不満	不満	N
はい	0.00	3.13	9.09	6.06	12.50	11
？	19.67	28.13	43.64	33.33	31.25	70
いいえ	80.33	68.75	47.27	60.61	56.25	148
N	61	64	55	33	16	

$\phi=.169 \quad \chi^2=18.46 \quad P<.02$

表3－4－8　(%)

項目41：今の仕事は好きだ						
	満足	やや満足	どちらでもない	やや不満	不満	N
はい	93.55	87.88	73.21	72.72	58.82	191
？	4.84	10.61	23.21	24.24	17.65	34
いいえ	1.61	1.52	3.57	3.03	23.53	9
N	62	66	56	33	17	

$\phi=.220 \quad \chi^2=32.08 \quad P<.001$

表3－4－9　(%)

項目42：仕事が終わると疲れてぐったりなることが多い						
	満足	やや満足	どちらでもない	やや不満	不満	N
はい	27.42	38.46	49.09	58.82	70.59	101
？	24.19	24.62	25.45	11.76	11.76	51
いいえ	48.39	36.92	25.45	29.41	17.65	81
N	62	65	65	34	17	

$\phi=.169 \quad \chi^2=18.75 \quad P<.02$

表3－4－10　(%)

項目43：仕事中にいらいらすることがある						
	満足	やや満足	どちらでもない	やや不満	不満	N
はい	17.74	24.38	43.86	50.00	70.59	87
？	29.03	26.56	26.32	23.53	11.76	60
いいえ	53.23	39.06	29.82	26.47	17.65	87
N	62	64	57	34	17	

$\phi=.187 \quad \chi^2=23.35 \quad P<.005$

表3－4－11 (%)

項目46：職場の秩序は乱したくない						
	満足	やや満足	どちらでもない	やや不満	不満	N
はい	91.80	75.00	78.95	72.73	64.71	184
?	4.29	25.00	19.30	21.21	23.53	41
いいえ	3.28	0.00	1.75	6.06	11.76	7
N	61	64	57	33	17	

$\phi = .165 \quad \chi^2 = 17.76 \quad P < .025$

表3－4－12 (%)

項目60：人に物事を教えるのが好きだ						
	満足	やや満足	どちらでもない	やや不満	不満	N
はい	40.98	36.51	26.79	24.24	29.41	76
?	45.90	38.10	51.79	48.48	17.65	100
いいえ	13.11	25.40	21.43	27.27	52.94	54
N	61	64	56	53	17	

$\phi = .160 \quad \chi^2 = 16.57 \quad P < .05$

表3－4－13 (%)

項目62：他校卒業生に比して私の学校の卒業生は劣っている						
	満足	やや満足	どちらでもない	やや不満	不満	N
はい	13.11	12.50	16.07	15.15	35.29	36
?	27.87	26.56	48.21	48.48	29.41	82
いいえ	59.02	60.94	35.71	36.36	35.29	113
N	61	64	56	33	7	

$\phi = .168 \quad \chi^2 = 18.48 \quad P < .02$

表3－4－14 (%)

項目63：私はいつも気配りを忘れない						
	満足	やや満足	どちらでもない	やや不満	不満	N
はい	63.93	45.31	35.71	36.36	23.53	104
?	27.87	46.88	48.21	51.52	47.06	99
いいえ	8.20	7.81	16.07	12.12	29.41	28
N	61	64	56	33	17	

$\phi = .172 \quad \chi^2 = 19.35 \quad P < .02$

表 3 − 4 − 15 (%)

項目65：家族のことで仕事を続けるのが困難なように思われる						
	満 足	やや満足	どちらでもない	やや不満	不 満	N
は い	1.61	11.11	8.93	23.53	35.29	27
？	8.06	23.81	21.43	11.76	5.88	37
いいえ	90.32	65.08	69.64	64.71	58.82	168
N	62	63	56	34	17	

$\phi = .212 \quad \chi^2 = 29.38 \quad P < .001$

表 3 − 4 − 16 (%)

項目69：仕事の内容の割に私の給料は低いと思う						
	満 足	やや満足	どちらでもない	やや不満	不 満	N
は い	17.74	40.63	51.79	61.76	70.59	99
？	25.81	32.81	26.79	23.53	23.53	64
いいえ	56.45	26.56	21.43	14.71	5.89	70
N	62	64	56	34	17	

$\phi = .244 \quad \chi^2 = 39.28 \quad P < .001$

表 3 − 4 − 17 (%)

項目74：健康状態がすぐれないことが多い						
	満 足	やや満足	どちらでもない	やや不満	不 満	N
は い	11.29	19.70	23.64	35.29	47.06	53
？	9.68	15.15	21.82	20.59	5.89	36
いいえ	79.03	65.15	54.55	44.12	47.06	145
N	62	66	55	34	17	

$\phi = .178 \quad \chi^2 = 20.94 \quad P < .01$

表 3 − 4 − 18 (%)

項目78：私の職場は家庭的な雰囲気がある						
	満 足	やや満足	どちらでもない	やや不満	不 満	N
は い	66.13	46.88	26.79	55.88	17.65	103
？	24.19	32.81	41.07	8.82	23.53	66
いいえ	9.68	20.31	32.14	35.29	58.82	59
N	62	64	56	34	17	

$\phi = .243 \quad \chi^2 = 38.82 \quad P < .001$

表3-4-19　　　　　　　　　　　　　　　　　　　　(%)

項目79：私は体力のあるほうだと思う						
	満足	やや満足	どちらでもない	やや不満	不満	N
はい	75.81	66.67	52.63	50.00	64.71	149
?	12.90	13.64	33.33	20.59	5.89	44
いいえ	11.29	19.70	14.04	29.41	29.41	43
N	62	66	57	34	17	

$\phi=.171$　$\chi^2=19.54$　$P<.02$

　仕事に対するポジティブな感情を表現した項目と不満度は有意な関連を示しており、いずれも不満度が高いほど「いいえ」と答える比率は上昇している。すなわち満足度が高い群ほど「仕事がすき（項目41）」「人に物事を教えるのが好き（項目60）」「私は体力のあるほうだ（項目79）」と答えている。

　その他、「私の学校の卒業生は劣っているように思われる（項目62）」「家族の事を考えると、現在の仕事を続けるのは困難なように思われる（項目65）」と項目24の間に系統的な関連が見出され、いずれも不満度が上昇するほど「はい」の回答率が高くなっている。

　その他一部の項目と項目24のχ^2検定結果はこれら2項目間に5％水準の有意な関連を示しているが、不満度の上昇に伴う系統的な回答状況の変化を示さなかったので触れない。

2．不満関連項目の因子分析

　職場に対する不満度の評定値（項目24）と意味のある関連が見出された以上の質問項目を見るとその意味内容は一義的ではなく人間関係、不適応感、疲労感など多義にわたっている。これらの不満感と関連する項目（以後、不満関連項目と呼ぶ）に対する回答がどのような成分に分析されるかを見るため、項目24を含めた前述の総ての不満関連項目間の相関係数を元に、主軸法による因子分析法を試みた。なお、因子分析法に関しては芝（1972）、渡、岸（1981）を参考にした。

　項目24に関しては1～5、その他の項目は「いいえ」「?」「はい」に対応した1～3の選択肢の数字を尺度値とした。すなわち、項目24は不満度でその他の項目は各質問項目内容に対する肯定回答傾向である。各項目の標準偏差が算出

され，各個人の尺度値は偏差値に変換され，すべての項目間の積率相関係数が求められた。標準偏差および相関係数の計算に当たっては前項と同じく項目16の1〜18（つまり，福祉職についているもの）の選択者で無回答，誤回答者を除いた資料のみを対象とした。表3－5に因子分析に用いられた相関マトリックスが表示されている。各因子の因子寄与率が100％になるまで，20因子が求められた。20因子のそれぞれの因子寄与率が表3－6に示されている。

　第1因子は主成分法の趣旨から当然の結果であるが，すべての項目が比較的高い因子負荷量を示している。その中で±.500より高い第1因子負荷量を持つ項目は「健康がすぐれない」「いらいらする」「人間関係で悩む事が多い」「仕事の事を考えると気が滅入る」「仕事がすき」および不満尺度項目（項目24）であり「仕事が好き」を除くとすべて正の因子負荷量をしめしている。反対に，比較的この第1因子の因子負荷量が低い項目は，「教えるのが好き」「職場の秩序を乱したくない」などで，負の第1因子負荷量を示している。前者の項目群は神経症傾向または非神経症傾向を表す意味内容の項目群といってよく神経症は環境と個人の関係における不適応と密接な関連を持つから，この因子は不適応因子と名付けうるのではないか。

　項目24の因子負荷量は，＋.669で最も高く不満とこの因子は，強い関連を持っていることが示されている。

　第2因子負荷量の高い項目は正の方向では「上司の考えと合わない」「上司と仕事上衝突する」が群を抜いて高く，「教えるのが好き」「体力がある」などが低いが正方向へ関連していた。反対に負方向へは「職場が家族的だ」「職場の秩序を乱したくない」「気配りを忘れない」「仕事が終わるとぐったりする」「健康がすぐれない」などが挙げられる。これらの項目の意味を検討すると，これらの項目は対人関係に関連した次元に配列しうるように思われる。つまりこの次元の正方向には上司と衝突する，教えるのが好きなど，対人関係において積極的，活動的，自己主張的な意味を含む項目が配置され，負方向では先に挙げたように消極的，非活動的，内省的な，意味が含まれる項目が配置されている。したがってこの因子は外向性因子と一応命名しておく。第2因子の不満項目に対する因子負荷量は＋.203で，幾分不満得点と第2因子は関連する。

　第3因子は正方向には「私は福祉職でないほうが向いているのではないか」

表3-5 因子分析に用いられた不満関連項目の相関マトリックス

	24	27	28	29	32	33	36	37	41	42	43	46	60	62	63	65	69	74	78	79	項目番号
	1.00																				24
	-.271	1.000																			27
	-.303	.262	1.000																		28
	-.337	.308	.186	1.000																	29
	-.374	.177	.174	.316	1.000																32
	-.524	.365	.307	.262	.135	1.000															33
	-.353	.124	.196	.375	.423	.265	1.000														36
	-.220	.322	.056	.061	.060	.354	.146	1.000													37
	.282	-.449	-.075	-.180	-.106	-.397	-.104	-.359	1.000												41
	-.252	.245	.275	.175	.142	.223	.081	.120	-.207	1.000											42
	-.295	.237	.152	.259	.238	.259	.290	.293	-.208	.328	1.000										43
	.181	.017	-.090	-.196	-.151	-.089	-.126	-.013	.131	-.021	-.053	1.000									46
	.184	-.193	-.011	-.097	-.006	-.107	.056	-.137	.205	-.175	-.077	.006	1.000								60
	-.195	.190	.129	.180	.090	.236	.180	.227	-.174	.077	.090	-.054	.038	1.000							62
	.243	-.055	-.165	-.068	-.057	-.104	-.149	-0.56	.058	.045	-.128	.168	.079	-.114	1.000						63
	-.253	.247	.234	.135	.118	.296	.136	.123	-.159	.264	.221	-.050	-.007	.138	-.086	1.000					65
	-.381	.151	.303	.153	.133	.264	.263	.124	-.114	.274	.164	-.023	-.044	.065	-0.73	.191	1.000				69
	-.264	.248	.177	.240	.107	.204	.225	.136	-.198	.467	.298	-.049	-.161	.128	.008	.274	.212	1.000			74
	.293	-.251	-.169	-.349	-.198	-.279	-.295	-.077	.177	-.071	-.104	.186	.080	-.157	.261	-.133	-0.54	-.255	1.000		78
	.165	-.166	-.147	-.238	-.075	-.113	-.179	-.100	.136	-.373	-.217	.000	.038	-.116	.136	-.250	-.066	-.478	.180	1.000	79

表3-6 不満関連項目の主軸法による因子分析結果

項目＼因子	1	2	3	4	5	6	7	8	9	10	11	12	13	14	15	16	17	18	19	20
24	.699	.203	.089	.193	-.108	-.198	.079	.036	.107	-.097	.212	-.037	-.114	-.295	-.016	.166	.236	-.026	.001	-.03
27	.578	-.252	.307	-.063	.068	.004	-.325	.134	-.298	.145	-.159	-.094	.209	.136	.071	.092	.211	.286	-.166	-.047
28	.472	.084	-.168	.366	-.373	.025	-.251	.046	-.148	.356	-.293	.046	-.223	.103	-.199	-.166	.029	-.184	.055	-.041
29	.556	.284	-.098	-.245	.247	-.107	-.278	.066	.028	.058	-.074	.352	.346	-.142	-.175	.135	-.085	-.058	.230	.021
32	.436	.424	-.127	.082	.416	-.219	-.004	.007	-.210	.239	.238	-.367	-.147	.023	.036	.139	.002	-.074	.024	.213
33	.649	-.033	.332	.228	-.090	.071	-.105	-.035	.012	-.260	.016	.180	-.246	-.300	-.104	-.054	-.028	.168	-.056	.306
36	.527	.458	-.154	.080	.323	.065	.147	.166	.096	-.165	-.036	-.063	.011	.168	-.148	-.384	-.122	.225	-.037	-.136
37	.418	-.268	.495	.069	.199	.178	.349	-.026	.067	-.033	-.142	-.020	-.138	.294	-.254	.286	-.090	-.042	.142	-.042
41	-.505	.258	-.484	.141	-.073	.061	.077	.211	.032	.083	.109	.329	-.163	.186	-.111	.302	.098	.225	-.103	.041
42	.516	-.447	-.387	.042	-.030	-.152	-.008	-.154	.090	.208	-.043	-.035	-.129	-.108	.207	.098	-.362	.233	.079	-.093
43	.536	-.107	-.097	.028	.276	-.029	.501	-.065	.250	.120	-.132	.373	.010	-.054	.246	-.092	.087	-.143	-.158	.015
46	-.214	-.420	-.067	.241	.187	.175	-.029	.752	-.141	-.071	.080	-.031	-.019	-.146	.074	-.025	-.058	-.082	.116	-.016
60	-.221	.299	-.231	.275	.184	.671	-.068	-.253	-.143	-.160	-.314	-.126	.023	-.165	.154	.143	.058	.037	.100	-.046
62	.352	.078	.225	-.027	.042	.584	-.093	.039	.439	.407	.268	.065	.029	.006	.150	-.051	.010	-.036	-.068	.015
63	-.255	-.359	-.107	.189	.581	-.100	-.462	-.212	.148	-.125	.042	.120	-.173	.075	-.083	-.013	.019	-.134	-.174	-.089
65	-.465	-.173	-.171	.148	-.201	.269	-.066	-.225	-.398	-.192	.504	.086	.151	.197	-.050	-.028	-.087	-.046	.046	-.038
69	.439	.001	-.153	.575	-.154	-.186	.035	.071	.334	.180	-.108	-.092	.361	.156	.125	.119	-.035	-.104	-.114	.120
74	.559	-.328	-.411	-.253	.018	.016	-.007	-.018	.217	-.154	-.014	-.037	-.121	.166	.105	-.097	.364	.029	.256	.109
78	-.478	-.339	-.049	.415	.162	-.057	.230	-.203	.033	.291	.102	-.047	.245	-.185	-.292	-.128	.168	.151	.107	.042
79	-.442	.250	.461	.379	.062	-.255	-.116	-.059	-.032	.029	.071	.217	-.065	.190	.343	-.085	.020	.098	.264	-.032
因子寄与率	23.28	8.24	7.43	6.15	5.63	5.53	4.81	4.52	4.13	3.84	3.65	3.29	3.17	3.03	2.90	2.57	2.29	2.02	1.86	1.66

「体力がある」の項目に因子負荷量が比較的高く負方向へは「仕事がすき」「健康がすぐれない」「仕事が終わるとぐったりする」が高い。不満得点と無関係の因子であった。

第4因子は「給料が低い」「家族の事を考えると職業を続けるのは困難だ」に特異的に正の負荷量が認められる。給与と関連する因子と思われる。この因子の不満得点における因子負荷量は＋.193 であった。

以下20因子までいくつかの因子において不満得点に無視しえない程度の因子負荷量が示される場合があるが，各因子の変動に対する寄与は低く分散している

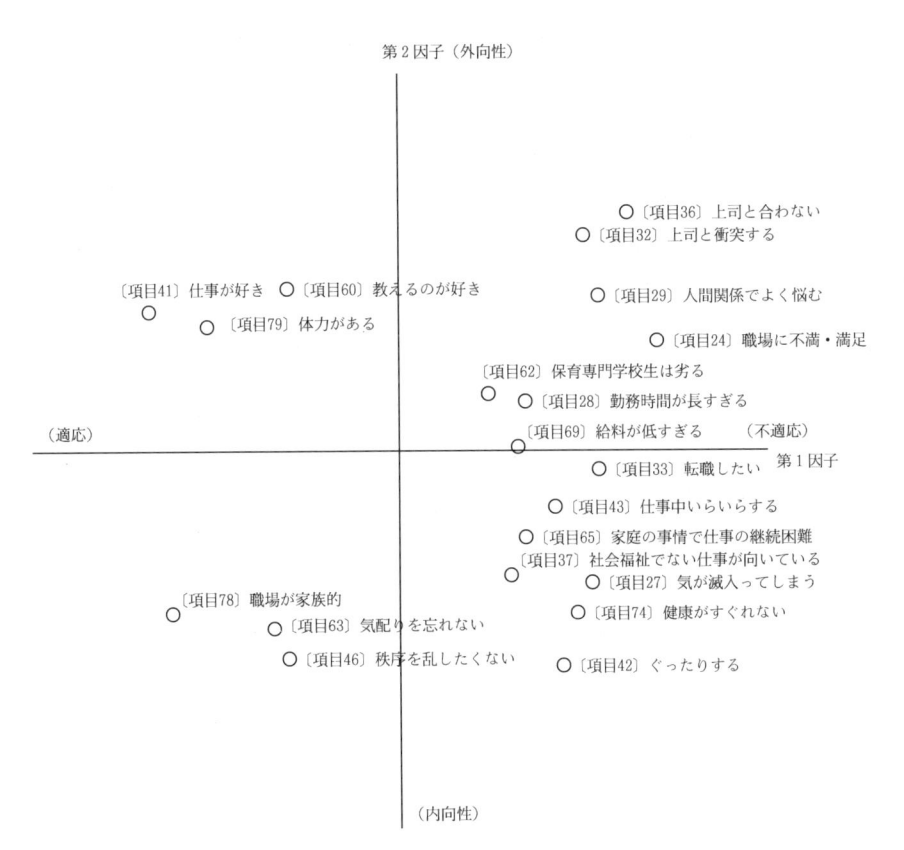

図3－2　主因子法による第1，第2因子座標上の不満関連項目の位置関係

　　　　　　　　　　　　　　　　　第2因子
　　　　　　　　　　　　　　　　（ピラミッド型組織）

　　　　　　　　　　　　　　　　○〔項目36〕上司と合わない
　　　　　　　　　　　　　　○〔項目32〕上司と衝突する
　　　　　　　　　　　　　　　　　　○〔項目24〕職場に不満・満足
　　　　　　　　　　　　　　　　○〔項目29〕人間関係でよく悩む
　　　　　　　　　　　　　〔項目28〕
　　　　　　　　　　　　　勤務時間が長い　　○〔項目33〕転職したい
　　　　　　　　　　　　　　○〔項目69〕給料が低すぎる
　　　　　　　　　　〔項目62〕
　　　　　　　　　　保専生は劣る　○〔項目43〕仕事中いらいらする
　　　　　　　　　　　　　　　　　　○〔項目27〕気が滅入ってしまう
　　　　　　　　　　　　〔項目65〕家庭の事情あり
　　　　　　　　　　　　　　　　　　○〔項目74〕健康がすぐれない
　　　○〔項目60〕教えるのが好き
　　　　　　　　　　　　　　　○〔項目37〕社会福祉でない仕事が向いている
（軽労働）　　　　　　　　　　　　　　　　　　　　　　　　（重労働）第1因子
　　　　　　　　　　　　　　　　○〔項目42〕ぐったりなる

　　　　○〔項目79〕体力あり
　　　　○〔項目41〕仕事が好き

　　　　　　　　　　　○〔項目63〕気配りを忘れない
　　　　　　　　　　　　○〔項目46〕秩序を乱したくない

　　　　○〔項目78〕職場が家族的

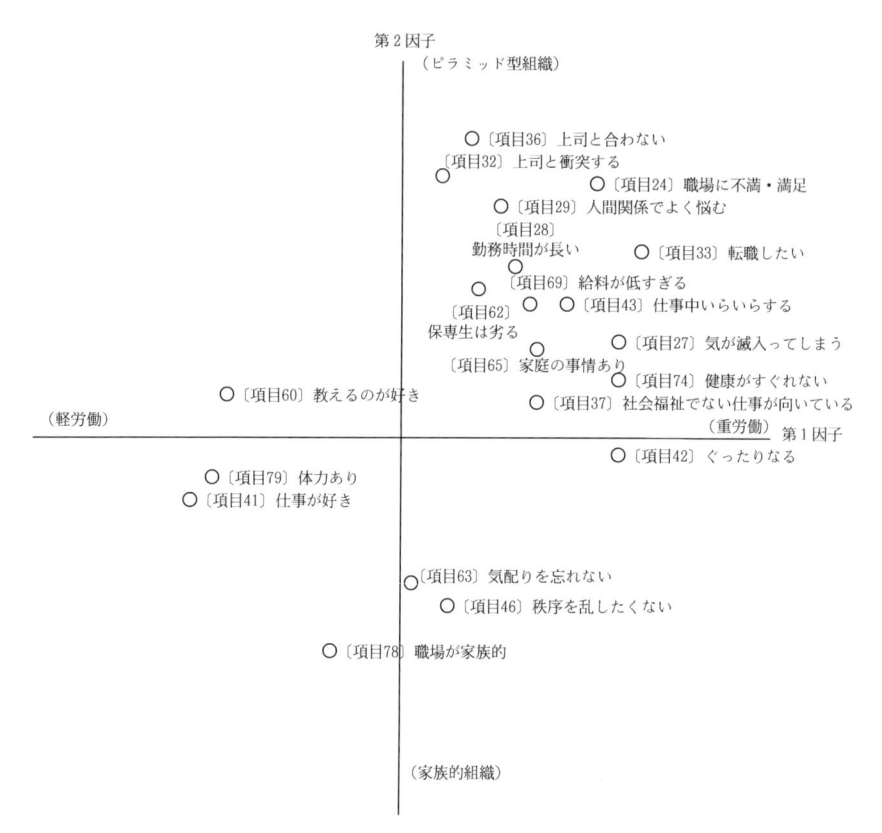

　　　　　　　　　　　　（家族的組織）

図3−3　バリマックス回転後の不満関連項目座標位置

ので解釈しない。

　第1因子（適応状態）を横軸にとり第2因子（外向性）を縦軸にとり，各項目を2次元平面に位置付けたのが図3−2である。また第1因子と第2因子軸をバリマックス回転した結果も併せて図3−3に示している。

　図3−2に判るように不満関連項目は不適応次元に沿って2つのグループに分けることができる，第1グループは上司と合わない，転職したい，健康がすぐれないなどの不適応表示項目で今一つは反対の極付近に位置する仕事が好き，家族的な職場であるという適応状態表示項目である。したがって第1グループの項目

に「はい」、第2グループに「いいえ」と答える傾向が強い程不適応状態が強いことが予測される。さらにこれらの不適応状態にある人々は第2因子次元に沿って典型的なタイプとして分類されうる可能性がある。すなわち問題を上司にぶつけるタイプと問題を自分自身に向けて健康がすぐれない、ぐったりするなどの自覚症として表現するタイプである。給料が低い、転職したいなどの項目は第2因子次元の中程に位置しており、これは両方の不適応タイプから問題として呈示された結果に因るのかもしれないし、外向性でもなく内向性でもない両向性の不適応状態にある卒業生が指摘した結果に因るのかもしれない。

一方適応状態に問題のないグループは不適応表示項目に否定回答を行うだけでなく、外向性の場合「仕事が好き」「体力がある」「教えるのが好き」、内向性の場合「職場が家族的」「気配りを忘れない」などと答える可能性があることを図3-2は示唆している。

バリマックス回転後の2因子軸は何か不満関連項目によって測定される不満を生じさせる前提条件ないしは職場環境に関連した因子として解釈しやすいように思われる。第1因子の負荷量の高い項目は正の値を採るものに「健康がすぐれない」「仕事が終わるとぐったりする」などがあり、この2項目は第2因子については因子負荷量が零に近い。負の値をとる項目は「体力がある」「仕事が好き」などが典型的で第1因子の次元は疲労感に関連した次元と推定される。またこのような疲労感を引き起こす職場環境を考えれば体力に比して厳しい労作を要求する環境が想定され、第1因子は<u>重労働の因子</u>または個人の資質の問題として考えるなら<u>体力または重労働に対する耐性</u>と推察される。

第2因子の因子負荷量の多い項目は正の値をとる場合、上司との人間関係の不良を述べた項目が最も高い値を示し、反対に負の因子負荷量を担う項目に「家族的な職場である」「私は気配りを忘れない」「職場の秩序を乱したくない」がある。前者は職場の上下関係に根ざした不満を示す項目であり、後者は職場の人間関係における水平方向への気配りを示す項目のように思われる。従ってこの次元は反対の極に小規模家族的組織が位置する大規模な組織に採用されがちな<u>ピラミッド型組織の因子</u>と考えるのが妥当でないだろうか。個人の側の要件としてこの因子を命名するとすれば上司に対する不満は組織に対する反発、改革を暗示し、気配りを忘れない、秩序を乱したくないという態度は体制の維持、温存の為に合目的

的な態度といえるから，必ずしも適切な用語といえないかも知れないが<u>急進的態度の因子</u>と名付けられ得るのではないか。

正方向への不満関連項目はすべて重労働，ピラミッド型組織の象限に位置し，負方向への不満関連項目はその対象的な領域に位置付けられている点や各項目間相互の位置関係は何か経験的な事実と符合しているように思われ，命名された上記の名前が妥当なように思われる。

3．職場における不満の構造

以上の解釈を単純化し，やや粗雑な表現を取るが判りやすくまとめると次のようになる。職場に対する不満感は上司との問題や，転職希望や，いらいら感，不健康感などの神経症的傾向などの職場不適応（主軸法における第１因子）と最も密接な関連を持っている。言い替えると不満尺度（項目24）得点と関係する項目はすべてポジティブな意味でもネガティブな意味でも職場の適応感と関連する項目であった。この不適応は主軸法における第２因子（外向性－内向性）との関係において異なった表現をとる。外向的な不適応の場合，典型的には上司との衝突という形の現象が生じやすい。一方不適応で内向性の場合健康がすぐれない，ぐったりするなど症状が現れる。適応的で外向性の場合仕事が好き，教えるのが好き，体力があるなどの回答が出現しやすい。適応的で内向性の場合職場が家族的であるという回答が引き出しやすい。

不満関連項目の示す不適応状態の先行条件を示唆する因子が主軸法に因って得られた上記の２因子軸をバリマックス回転する事によって示唆された。すなわち上下関係重視の職場体制またはその中にいる人物側の要因として捉えるなら急進的態度（第１因子）はその人物の上司とのトラブルを生じやすく，さらに仕事量が多いという条件（第２因子）が重なれば給料が低い，勤務時間が長い，転職したいという不満が生じるようになる。したがってピラミッド型体制，重労働条件は最も問題の生じやすい職場といえよう。一方ピラミッド型体制が確立していないか，あるいは個人が保守的な態度を持つ場合や上下関係重視の職場かあるいは個人が急進的態度を持つ場合でも労働量が少ない場合では不満が生じにくいといえよう。

このように考えると不満発生という点ではいくつかの条件が，たとえばピラミッ

ド型体制，急進的態度，重労働などの諸条件は好ましい条件でないと思われるが，しかしながら，このような条件はその必要性の故に生じる事が多いように思われる。したがって，もしここで得られた知見を有効に利用しようとするなら，これらの不利な条件の存在が真にその必要性を有しているかどうかの上にたって検討されるべきであり，反対に無用な管理機構の設定や急進的態度は徒に職場のトラブルを招く原因を作るだけになると思われる。

不満関連項目の検討によって得られた結論はむしろどのような職場にも当てはまる事柄のように思われる。もし，そうであるとするなら，このことは，福祉職特有に必要とされる適正を明らかにするという目的に沿っていないことになる。体力がある，教えるのが好きなどの特性が職場での適応に望ましい効果をもたらす事を因子分析の結果は示唆しているがその他の不満関連項目はどの職場でも不適応状態の際に挙げられる項目のように想定される。この失敗は質問項目の中にこのように保母を含む福祉職特有の適正に拘わる質問項目が用意されていなかった事に原因があるかもしれない。

あるいは，網羅的に挙げられた福祉職の適性にかかわると考えられる項目の中で職場適応と意味のある関連を示した項目が，ここで問題とした項目に限られるとするなら福祉職そのものの職種がそれほど他の一般の業種の業務と変わらない側面を持っているのかもしれない。今後，ここでは行われなかったが保母職に就いたものの資料のみを対象とした分析を行うと同時に他の業種における同様の分析が待たれる。

第5節　結論と要約

昭和59年現在の南海保育専門学校卒業生1,356名に対し卒業後の就職状況を問い合わせる質問紙を送付し，卒業後の卒業生の進路および職場での状態の把握に努めた。413名の回答があり卒業年次別，職場に対する不満度別の集計結果が示された。

年次別集計結果を見ると昭和56年以後の卒業生の就職状況に変化が見られた。すなわち保育所に就職する率は一貫して減少傾向を示し代わりに老人福祉施設を筆頭とする他の福祉施設への就職率が漸増する傾向があった。またほぼ時期を同じくして公立の施設から民営の施設へ，常勤としてではなく非常勤として就職す

るケースが増えている事が確認された。これらの現象は時代の経済情勢，人口動態およびそれらを基礎にした社会福祉政策の変化を反映しているものと思われる。このことは，好むと好まざるにかかわらず保母養成の質の問題が問われる時代に成りつつあることを示唆している。

職場に対する不満度と関連する質問紙上の不満関連項目の因子分析法を含む分析は，福祉職特有か否かは別にして，これらの項目が職場での適応の問題と密接に関連している事を示唆し，不適応状態は重労働あるいは重労働に対する耐性，急進的態度，ピラミッド型管理あるいはそれを必要とする大規模組織などの要因によって生じる事が多い事を示唆した。すなわち，善悪は別にして現在の福祉職はとりわけ体力的タフネスを要求する職場であり，福祉職の適性を考慮する際，体力の問題をぜひ考慮すべき事柄であることを示唆している。

参考文献
1) 厚生統計協会編『国民の福祉の動向』厚生統計協会，1979年
2) 厚生省児童家庭局編『保母養成専門教科目教授内容ソースブック（改訂版）』1979年
3) 渡　正尭・岸　学『多変量解析プログラム集』工学図書出版，1981年
4) 芝　祐順『因子分析法』東京大学出版会，1971年

付表1　使用調査用紙

〔項目1〕問1－1
　　卒業年　昭和（　　　）年卒業
〔項目2〕問1－2
　　年齢　（満　　歳）
〔項目3〕問1－3
　　性別　　1．女性　　2．男性
〔項目4〕問1－4
　　未既婚の別　　1．未婚　　2．既婚
〔項目5〕問2－1
　　本校卒業後就職しましたか。（非常勤を含む）
　　　1．就職した　　2．就職はしていない
〔項目6〕問2－2（本校を卒業後就職した方，問2－1で1．に○をした方にうかがいます）
　　就職先はいつ頃決まりましたか。
　　　1．本校在学中
　　　2．本校を卒業して約1カ月
　　　3．本校を卒業して約2カ月
　　　4．本校を卒業して約3カ月
　　　5．本校を卒業して約半年
　　　6．本校を卒業して約1年
　　　7．本校を卒業して約2年
　　　8．本校を卒業して3年以上
〔項目7〕問2－3（本校を卒業後就職した方にうかがいます）
　　最初の就職先はどちらですか。
　　　1．乳児院　2．母子寮　3．保育所
　　　4．児童厚生施設　5．養護施設
　　　6．精神薄弱児施設
　　　7．精神薄弱児通園施設
　　　8．盲ろうあ児施設　9．虚弱児施設
　　　10．肢体不自由児施設　11．重症心身障害児施設
　　　12．情緒障害児短期治療施設
　　　13．教護院　14．精神薄弱者援護施設
　　　15．身体障害者更生援護施設
　　　16．保護施設　17．老人福祉施設
　　　18．無認可保育所（具体的に　　　　　　　　）
　　　19．社会福祉協議会
　　　20．社会福祉機関（福祉事務所等）
　　　21．一般企業　22．その他（　　　　　　　　）
〔項目8〕問2－4（問2－3で1～18．のいずれかに○をした方にうかがいます）
　　あなたは次のどの立場で採用されたのでしょうか。
　　　1．正採用　2．産休／育休職員
　　　3．パート職員　4．アルバイト職員
　　　5．その他（　　　　　　　）

〔項目9〕問2－5（問2－3で1～18.のいずれかに○をした方にうかがいます）
その施設の運営形態は次のどれにあたりますか。
　　1．公立公営　2．公立民営
　　3．民間団体（社会福祉法人など）
　　4．その他（　　　　　　　　）
〔項目10〕～〔項目14〕
　（本稿と関係が薄いため省略）
〔項目15〕問3－1
　現在働いていますか。（非常勤を含む）
　　1．働いている　2．働いていない
〔項目16〕問3－2（問3－1で1．に○をした方にうかがいます）
　勤務先はどちらですか。
　　1．乳児院　2．母子寮　3．保育所
　　4．児童厚生施設　5．養護施設　6．精神薄弱児施設
　　7．精神薄弱児通園施設
　　8．盲ろうあ児施設　9．虚弱児施設
　　10．肢体不自由児施設
　　11．重症心身障害児施設
　　12．情緒障害児短期治療施設
　　13．教護院　14．精神薄弱者援護施設
　　15．身体障害者更生援護施設
　　16．保護施設　17．老人福祉施設
　　18．無認可保育所　19．社会福祉協議会
　　20．社会福祉機関（福祉事務所等）
　　21．一般企業　22．その他（　　　　　　　　）
〔項目17〕問3－3（問3－2で1～18.のいずれかに○をした方にうかがいます）
　あなたの勤務上の立場は次のどれでしょうか。
　　1．正採用　2．産休／育休職員
　　3．パート職員　4．アルバイト職員
　　5．その他（　　　　　　　　）
〔項目18〕問3－4（問3－2で1～18.のいずれかに○をした方にうかがいます）
　あなたの勤務上の立場は次のどれでしょうか。
　　1．施設長　2．主任　3．保母　4．寮母
　　5．教母　6．児童指導員　7．生活指導員
　　8．事務職員　9．その他（　　　　　　　　）
〔項目19〕問3－5（問3－2で1～18.のいずれかに○をした方にうかがいます）
　あなたの施設の運営形態は次のどれにあてはまりますか。
　　1．公立公営　2．公立民営
　　3．民間団体（社会福祉法人等）
　　4．その他（　　　　　　　　）
〔項目20〕問3－6（問3－2で1～18.のいずれかに○をした方にうかがいます）
　あなたの施設の職員数（非常勤を含む）は次のどれにあてはまりますか。
　　1．5名以内　2．6～10名

3．11〜20名　4．21〜30名
　　5．31〜40名　6．41〜50名
　　7．51名以上
〔項目21〕問3―7（問3―2で1〜18．のいずれかに○をした方にうかがいます）
　現在の職場に勤められて何年になりますか。
　（人事異動は除く）
　　1．1年　2．2年　3．3年　4．4年
　　5．5年以上
〔項目22〕問3―8（問3―2で1〜18．のいずれかに○をした方にうかがいます）
　今までに職場を何回かわりましたか。（人事異動は除く）
　　1．1回　2．2回　3．3回　4．4回
　　5．5回以上　6．変わっていない
〔項目23〕問3―9（問3―2で1〜18．のいずれかに○をした方にうかがいます）
　あなたは平均して年に何回，研修に行かれますか。
　　1．1回　2．2回　3．3回　4．4回
　　5．5回以上　6．研修には行っていない
〔項目24〕問3―10（問3―2で1〜18．のいずれかに○をした方にうかがいます）
　現在の職場に満足していますか。
　　1．満足している　2．やや満足している
　　3．どちらともいえない
　　4．やや不満である　5．不満である
〔項目25〕問3―11（問3―2で1〜18．のいずれかに○をした方にうかがいます）
　現在，仕事のことで困ったりすることがありますか。
　　1．よくある　2．ときどきある
　　3．あまりない　4．まったくない
〔項目26〕（誤記入者多数により本稿で触れない為省略）

●現在，働いている方は以下の問いに答えてください。
　以下の質問項目にあなたがあてはまっていると感じたらはいに，あてはまっていないと感じたらいいえに，どちらでもなければ？を，○で囲んでください。
〔項目27〕　1．仕事のことを考えると気がめいってしまう。　　はい　？　いいえ
〔項目28〕　2．私の仕事は勤務時間が長すぎる。　　はい　？　いいえ
〔項目29〕　3．職場の人間関係で悩むことが多い。　　はい　？　いいえ
〔項目30〕　4．人を指導するのが苦手だ。　　はい　？　いいえ
〔項目31〕　5．同僚と仕事のうえで衝突することが多い。　　はい　？　いいえ
〔項目32〕　6．上司と仕事のことで衝突する事が多い。　　はい　？　いいえ
〔項目33〕　7．できることなら転職したい。　　はい　？　いいえ
〔項目34〕　8．私はどちらかというとのんびりしているほうだ。　　はい　？　いいえ
〔項目35〕　9．私の職場では短大卒と専門学校の保母では扱いが異なるように思われる。
　　　　　　　　　　　　　　　　　　　　　　　　　　　　　　　　はい　？　いいえ
〔項目36〕　10．上司の考え方と合わないことがある。　　はい　？　いいえ
〔項目37〕　11．社会福祉に関係のない仕事のほうが，どちらかというと向いているように思う。
　　　　　　　　　　　はい　？　いいえ

〔項目38〕 12. 恵まれない人々の世話をするのが好きだ。　　　はい　？　いいえ
〔項目39〕 13. 私は機転がきくほうだ。　　　はい　？　いいえ
〔項目40〕 14. 私は他人に気をつかいすぎるほうだ。　　　はい　？　いいえ
〔項目41〕 15. いまの仕事は好きだ。　　　はい　？　いいえ
〔項目42〕 16. 仕事が終わると疲れてぐったりすることが多い。　　　はい　？　いいえ
〔項目43〕 17. 仕事中にいらいらすることがある。　　　はい　？　いいえ
〔項目44〕 18. 保母職は女性の仕事だと思う。　　　はい　？　いいえ
〔項目45〕 19. 私は人間を直接相手にするより事務的な仕事の方が向いているように思う。
　　　　　　　　はい　？　いいえ
〔項目46〕 20. 職場の秩序は乱したくない。　　　はい　？　いいえ
〔項目47〕 21. 子どもを見てかわいいと感じることが多い。　　　はい　？　いいえ
〔項目48〕 22. 仕事に関連する研究会は積極的に参加したい。　　　はい　？　いいえ
〔項目49〕 23. 子どもは自由にのびのび育てるべきだ。　　　はい　？　いいえ
〔項目50〕 24. 休みのときは仕事のことは考えたくない。　　　はい　？　いいえ
〔項目51〕 25. 保護者との対応は苦手だ。　　　はい　？　いいえ
〔項目52〕 26. 私が世話をしている人々（子ども）は少しも私の言うことを聞かない。
　　　　　　　　はい　？　いいえ
〔項目53〕 27. 保育所の教育水準は幼稚園の教育水準と変わらない。　　　はい　？　いいえ
〔項目54〕 28. 私の職業はいわば聖職と考えてよい。　　　はい　？　いいえ
〔項目55〕 29. 自分を犠牲にしても，仕事を優先すべきだ。　　　はい　？　いいえ
〔項目56〕 30. 今の福祉行政は間違っていると思う。　　　はい　？　いいえ
〔項目57〕 31. 女性はもっと世の中に出ていくべきだ。　　　はい　？　いいえ
〔項目58〕 32. 私は仕事を通じて社会福祉に貢献していると思う。　　　はい　？　いいえ
〔項目59〕 33. 私が職場を去っても，いまの職場は全く変わらないと思う。　　　はい　？　いいえ
〔項目60〕 34. 人に物事を，おしえるのがすきだ。　　　はい　？　いいえ
〔項目61〕 35. 掃除や洗濯といった仕事は好きなほうだ。　　　はい　？　いいえ
〔項目62〕 36. 他の学校の卒業生と比較して私の学校の卒業生は劣っているように思われる。
　　　　　　　　はい　？　いいえ
〔項目63〕 37. 私はいつも気配りを忘れない。　　　はい　？　いいえ
〔項目64〕 38. 仕事以外で職場の人と，よくつきあう方だ。　　　はい　？　いいえ
〔項目65〕 39. 家族のことを考えると，現在の仕事を続けるのは困難なように思われる。
　　　　　　　　はい　？　いいえ
〔項目66〕 40. 私が老人になったとき，老人ホームに入りたい。　　　はい　？　いいえ
〔項目67〕 41. できれば私の子どもは保育所に預けたくない。　　　はい　？　いいえ
〔項目68〕 42. 福祉関係の仕事は広い意味で教育的側面を含んでいる。　　　はい　？　いいえ
〔項目69〕 43. 仕事の内容の割に私の給料は低いと思う。　　　はい　？　いいえ
〔項目70〕 44. 社会福祉施設の職員は団結し，地位向上に務めるべきだ。　　　はい　？　いいえ
〔項目71〕 45. 社会福祉の仕事で最も重要なのは人格だ。　　　はい　？　いいえ
〔項目72〕 46. 力不足で仕事がこなせないことが時々ある。　　　はい　？　いいえ
〔項目73〕 47. 少々職場の秩序を乱しても正しいことは強く主張すべきだ。　　　はい　？　いいえ
〔項目74〕 48. 健康状態がすぐれないことが多い。　　　はい　？　いいえ
〔項目75〕 49. 女性の生理休暇は廃止すべきだ。　　　はい　？　いいえ
〔項目76〕 50. 仕事の事で失敗しないかと，いつも緊張している。　　　はい　？　いいえ

〔項目77〕 51. 全般に私の仕事ぶりは良く評価されていると思う。　　はい　？　いいえ
〔項目78〕 52. 私の職場は家族的な雰囲気がある。　　はい　？　いいえ
〔項目79〕 53. 私は体力がある方だと思う。　　はい　？　いいえ
〔項目80〕 54. 私は人と積極的にかかわっていく方だ。　　はい　？　いいえ
〔項目81〕 55. 私の職場は大組織の一部といってよい。　　はい　？　いいえ
〔項目82〕 56. 友人を作るのに骨がおれる。　　はい　？　いいえ
〔項目83〕 57. 社会に迷惑をかけるおそれのある者は，隔離して収容すべきだ。
　　　　　　　　　　はい　？　いいえ
〔項目84〕 58. 私は仕事の事で粘り強い方だ。　　はい　？　いいえ

　ご協力ありがとうございました。

第4章　企業ボランティアに関する調査報告書

第1節　調査の概要

1．調査の概要
(1)　調査対象　　愛媛県内の企業435社（無作為抽出法による標本調査）
(2)　調査方法　　郵送アンケート調査法
(3)　調査時期　　1991年10月1日～11月30日
(4)　回 収 率　　44.4％（193社から回答があった）

2．ボランティア活動に対する関心度
　まず最初に，企業としてボランティア活動に関心があるか否かについてたずねてみた。その結果，「関心がある」は31.4％，「少し関心をもっている」は49.7％，「関心がない」6.3％，「わからない」12.0％，「その他」0.5％となった。

3．ボランティア活動の必要性
　次に，企業としてボランティア活動に対して必要性を感じる度合いをたずねてみた。
　「どちらかといえば必要だと思う」が最も多く50.5％である。「必要性を感じている」と回答した比率は，企業の従業員数と関連があり，企業の規模が大きいほどボランティア活動への必要性の認識が高まる傾向にある。

4．ボランティア活動への参加度
　実際に，企業としてボランティア活動に参加している状況をたずねてみた。
　参加を「している」企業は113社（58.5％），「していない」企業は76社（39.4％），「その他」4社（2.1％）である。従業員数が「501人以上」の企業では86.2％が「している」と回答しており，企業としてボランティア活動に参加している比率は，企業の規模が大きくなるほど高くなっている。

5. 実施している活動内容

ボランティア活動に参加をしていると回答のあった企業（113社）に、実施しているボランティア活動の内容を質問してみた。

「地域や町内会等への協力」と「金銭の寄付、（助成）活動」が88社で最も多かったが、「募金活動への協力」など金銭的な活動（支援）内容が多くなっている。

6. 社員の地域活動への支援制度

ボランティア活動に参加をしていると回答のあった企業（113社）に、社員が個人として地域活動（ボランティア活動等）を行っている場合に、それを支援する制度があるか否かについて質問してみた。

最も多いのは、「ボランティア活動に参加する申し出があれば、仕事に支障のない範囲で認める」で、66社であった。また、支援制度は「行っていない」企業は30社であった。「活動に参加を提唱している」企業は18社にすぎない。

7. 今後の活動の有無

企業としてボランティア活動に参加をしていないと回答のあった企業（76社）に、今後ボランティア活動を実施する意向の有無についてたずねてみた。

結果は、「考えている」21.0％、「考えていない」27.4％、「わからない」50.0％、「その他」1.6％となる。「考えていない」と「わからない」とを合計すると77.4％となり、消極的な姿勢がうかがえる。

第2節　企業の業種

問1　企業の業種についておたずねします。

企業の業種は表4-1（図4-1）に示すとおり、「製造業」が66社（34.2％）で最も多くなっている。以下、「サービス業」44社（22.8％）、「建設業」29社（15.0％）、「卸売業，小売業」25社（13.0％）、「運輸通信業」15社（7.8％）、「その他」14社（7.3％）の順となる。

表4－1　企業の業種

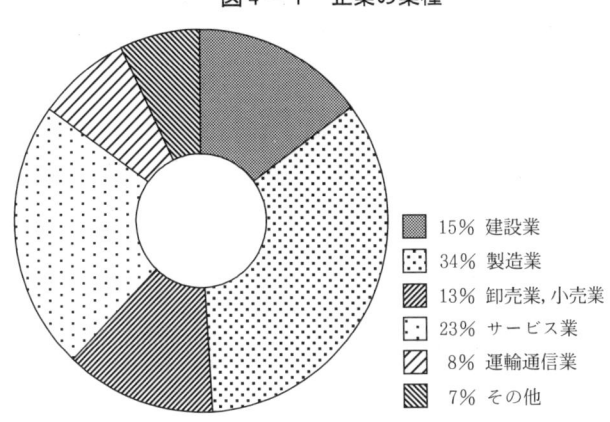

選択肢	度数	累積度数	%	累積%
建設業	29	29	15.0	15.0
製造業	66	95	34.2	49.2
卸売業，小売業	25	120	13.0	62.2
サービス業	44	164	22.8	85.0
運輸通信業	15	179	7.8	92.7
その他	14	193	7.3	100.0
合計	193		100.0	

図4－1　企業の業種

- 15% 建設業
- 34% 製造業
- 13% 卸売業，小売業
- 23% サービス業
- 8% 運輸通信業
- 7% その他

第3節　企業の従業員数

問2　従業員は何名ですか。

　従業員数は表4－2（図4－2）に示している。全体的には「101人〜500人」の企業が87社（45.1%）で半数近くを占めている。

表4－2　企業の従業員数

選択肢	度数	累積度数	%	累積%
50 人 以 下	46	46	23.8	23.8
51 人 ～ 100 人	31	77	16.1	39.9
101 人 ～ 500 人	87	164	45.1	85.0
501 人 以 上	29	193	15.0	100.0
合　　　計	193		100.0	

図4－2　企業の従業員数

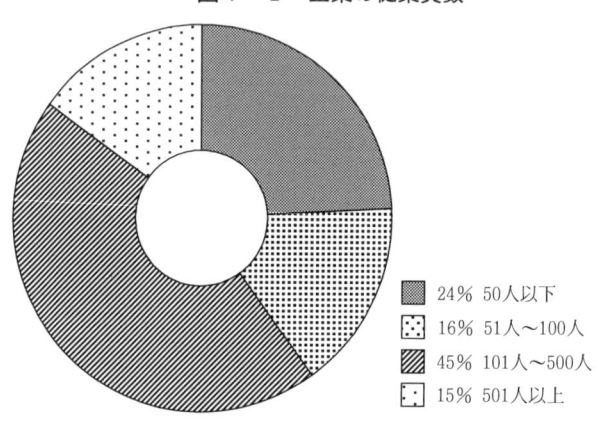

24％　50人以下
16％　51人～100人
45％　101人～500人
15％　501人以上

　次に，企業の業種と従業員数との関連を調べてみると，表4－3のようになり，特別なばらつきはみられない。

表4－3　企業の業種×企業の従業員数

問2 問1	50人以下	51人～ 100人	101人～ 500人	501人 以上	合　計
建　設　業	11 37.9 23.9	6 20.7 19.4	10 34.5 11.5	2 6.9 6.9	29 100.0 15.0
製　造　業	10 15.2 21.7	8 12.1 25.8	33 50.0 37.9	15 22.7 51.7	66 100.0 34.2
卸売業， 小売業	7 28.0 15.2	3 12.0 9.7	14 56.0 16.1	1 4.0 3.4	25 100.0 13.0
サービス業	13 29.5 28.3	9 20.5 29.0	16 36.4 18.4	6 13.6 20.7	44 100.0 22.8
運輸通信業	4 26.7 8.7	1 6.7 3.2	8 53.3 9.2	2 13.3 6.9	15 100.0 7.8
そ　の　他	1 7.1 2.2	4 28.6 12.9	6 42.9 6.9	3 21.4 10.3	14 100.0 7.3
合　　計	46 23.8 100.0	31 16.1 100.0	87 45.1 100.0	29 15.0 100.0	193 100.0 100.0

$\chi^2 = 20.067$　df＝15　n.s.

第4節　ボランティア活動に対する関心度

問3　ボランティア活動が様々な分野で展開され，その輪が大きくなっていますが，企業としてボランティア活動に関心がありますか。

　上記の質問で，企業としての〈ボランティア活動に対する関心度〉をたずねてみた。その結果は，表4－4（図4－3）に示すように，第1位は「少し関心をもっている」で49.7％，第2位は「関心がある」で31.4％となり，企業としてボランティア活動への関心の高さがうかがえる。ただし，「関心がない」と答えた企業が12社（6.3％），「わからない」と答えた企業が23社（12.0％）存在することも事実である。この点について，企業の業種および従業員数との関連を調べてみたが，有意な差は出てこなかった。

表4-4 ボランティア活動に対する関心度

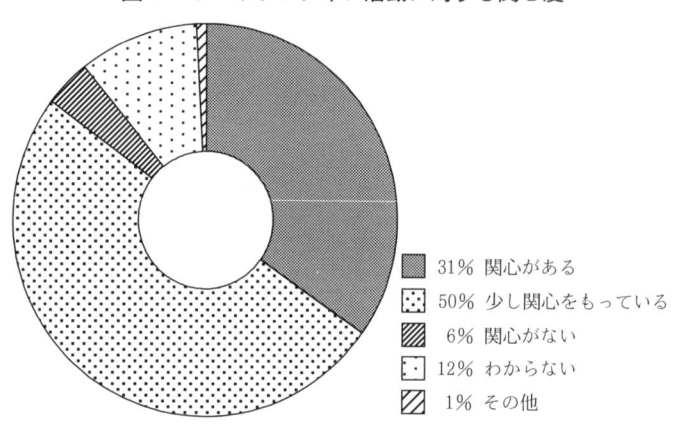

選択肢	度数	累積度数	%	累積%
関心がある	60	60	31.4	31.4
少し関心をもっている	95	155	49.7	81.2
関心がない	12	167	6.3	87.4
わからない	23	190	12.0	99.5
その他	1	191	0.5	100.0
合計	191		100.0	

図4-3 ボランティア活動に対する関心度

- 31% 関心がある
- 50% 少し関心をもっている
- 6% 関心がない
- 12% わからない
- 1% その他

第5節　ボランティア活動の必要性

問4　企業として，ボランティア活動についてどのようにお考えですか。

　企業としてボランティア活動に対して必要性を感じる度合いをたずねてみると，表4-5（図4-4）のようになる。「どちらからといえば必要だと思う」が最も多く50.5%，次いで「必要性を感じている」が34.7%となり，両者を合わせると85.3%が何らかの形で必要性を感じている。

表4−5 ボランティア活動の必要性

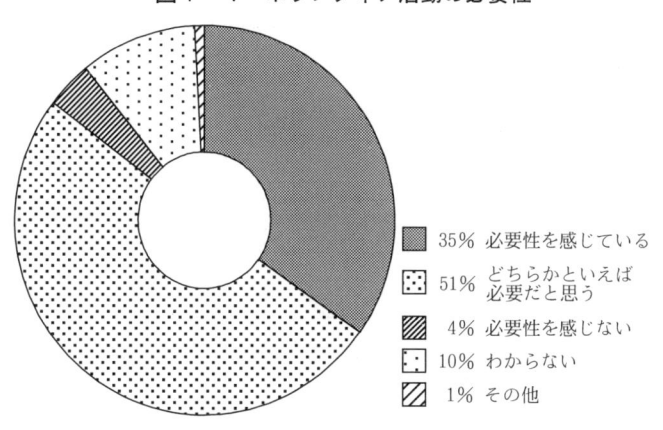

選択肢	度数	累積度数	％	累積％
必要性を感じている	66	66	34.7	34.7
どちらかといえば必要だと思う	96	162	50.5	85.3
必要性を感じない	8	170	4.2	89.5
わからない	19	189	10.0	99.5
その他	1	190	0.5	100.0
合計	190		100.0	

図4−4 ボランティア活動の必要性

35％ 必要性を感じている
51％ どちらかといえば必要だと思う
4％ 必要性を感じない
10％ わからない
1％ その他

〈ボランティア活動の必要性〉を企業の業種別にみてみると，有意な関連は出てこなかったが，従業員数との間には相関がみられた。表4−6に示すように，企業としてボランティア活動に「必要性を感じている」と回答した比率は，従業員数が「50人以下」で17.8％，「51人〜100人」で22.6％，「101人〜500人」38.8％，「501人以上」62.1％となり，企業の規模が大きいほど，ボランティア活動に対する必要性の認識が高くなると考えられる。この傾向は，「必要性を感じている」と「どちらかといえば必要だと思う」とを合計しても明らかであり，図4−5のように，従業員数「50人以下」で71.1％，「51人〜100人」87.1％，「101人〜500人」89.4％，「501人以上」93.1％という結果となる。

次に，問3と問4，つまり〈ボランティア活動に対する関心度〉と〈ボランティ

表4-6 ボランティア活動の必要性×従業員数

問2 問4	50人以下	51人～ 100人	101人～ 500人	501人以上
必要性を感じている	8 (17.8)	7 (22.6)	33 (38.8)	18 (62.1)
どちらかといえば必要だと思う	24 (53.3)	20 (64.5)	43 (50.6)	9 (31.0)
必要性を感じない	5 (11.1)	2 (6.5)	1 (1.2)	0 (0.0)
わからない	8 (17.8)	2 (6.5)	7 (8.2)	2 (6.9)
その他	0 (0.0)	0 (0.0)	1 (1.2)	0 (0.0)
合計	45 (100.0)	31 (100.0)	85 (100.0)	29 (100.0)

$\chi^2 = 28.572$ df=12 P<0.01

図4-5 従業員数×ボランティア活動の必要性

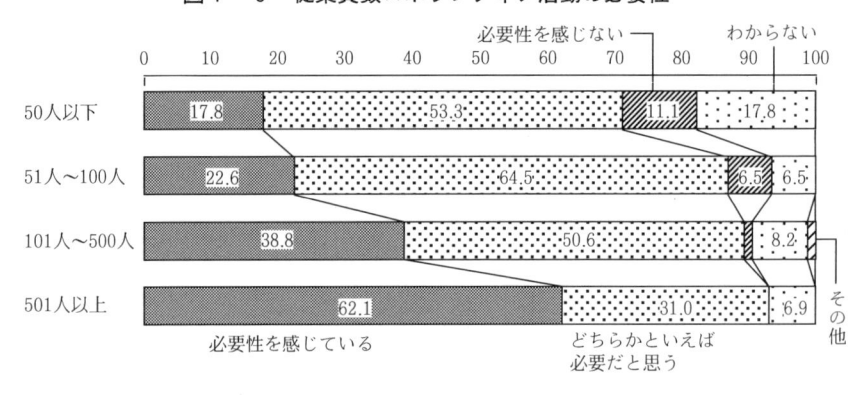

従業員数	必要性を感じている	どちらかといえば必要だと思う	必要性を感じない	わからない	その他
50人以下	17.8	53.3	11.1	17.8	
51人～100人	22.6	64.5	6.5	6.5	
101人～500人	38.8	50.6		8.2	
501人以上	62.1	31.0		6.9	

ア活動の必要性〉とをクロス集計してみると，当然のことではあるが，顕著な有意差がみられた。表4-7に示すように，企業としてボランティア活動に「必要性を感じている」企業では，73.8％がボランティア活動に「関心がある」と回答しているのに比較し，「必要性を感じない」と回答している企業では，50.0％が「関心がない」と回答している。

表4－7　ボランティア活動の必要性×ボランティア活動に対する関心度

問4 ＼ 問3	関心がある	少し関心をもっている	関心がない	わからない	その他	合　計
必要性を感じている	48 (73.8)	16 (24.6)	0 (0.0)	1 (1.5)	0 (0.0)	65 (100.0)
どちらかといえば必要だと思う	11 (11.5)	71 (74.0)	6 (6.3)	7 (7.3)	1 (1.0)	96 (100.0)
必要性を感じない	0 (0.0)	4 (50.0)	4 (50.0)	0 (0.0)	0 (0.0)	8 (100.0)
わからない	0 (0.0)	2 (10.5)	2 (10.5)	15 (78.9)	0 (0.0)	19 (100.0)
その他	0 (0.0)	1 (100.0)	0 (0.0)	0 (0.0)	0 (0.0)	1 (100.0)

$\chi^2 = 192.862$　df = 16　P < 0.001

第6節　ボランティア活動への参加度

問5　企業として，ボランティア活動に参加されていますか。

　では実際に，企業がボランティア活動に参加しているかどうかといった状況を調べてみると，表4－8（図4－6）に示すようになった。ボランティア活動に参加を「している」企業は113社（58.5％），「していない」企業は76社（39.4％）「その他」4社（2.1％）である。

表4－8　ボランティア活動への参加度

選択肢	度数	累積度数	％	累積％
している	113	113	58.5	58.5
していない	76	189	39.4	97.9
その他	4	193	2.1	100.0
合計	193		100.0	

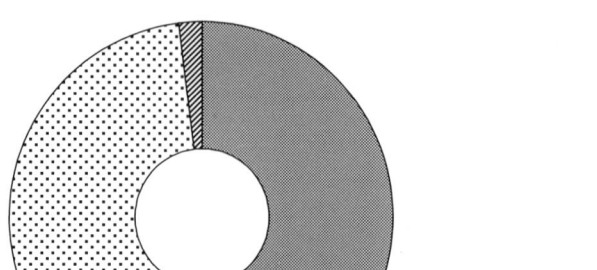

図4－6　ボランティア活動への参加度

■ 59% している
⋯ 39% していない
▨ 2% その他

表4－9　ボランティア活動への参加度×従業員数

問5＼問2	50人以下	51人～100人	101人～500人	501人以上
している	16 (34.8)	17 (54.8)	55 (63.2)	25 (86.2)
していない	29 (63.0)	13 (41.9)	30 (34.5)	4 (13.8)
その他	1 (2.2)	1 (3.2)	2 (2.3)	0 (0.0)
合　　計	46(100.0)	31(100.0)	87(100.0)	29(100.0)

$\chi^2=21.391$　df＝6　P＜0.01

〈ボランティア活動への参加度〉(問5)を企業の業種との関連でみてみると有意差は出てこなかったが，従業員数との間には関連がみられた。表4－9に示すように，従業員数が「501人以上」の企業では，86.2％が「している」と回答している。また，企業としてボランティア活動に参加をしている比率は，企業の規模が大きくなるほど高くなる傾向にある。

ところで，〈ボランティア活動に対する関心度〉(問3)と〈ボランティア活動への参加度〉(問5)との間にも関連がみられた。表4－10に示しているように，企業としてボランティア活動に「関心がある」と回答した企業では，ボランティア活動に参加を「している」と回答した比率が81.7％になっている。なお，「関心がない」と回答のあった企業でも58.3％の企業が「している」と答えている。ただし，実数でいえば12社中7社である。

図4-7 従業員数×ボランティア活動への参加度

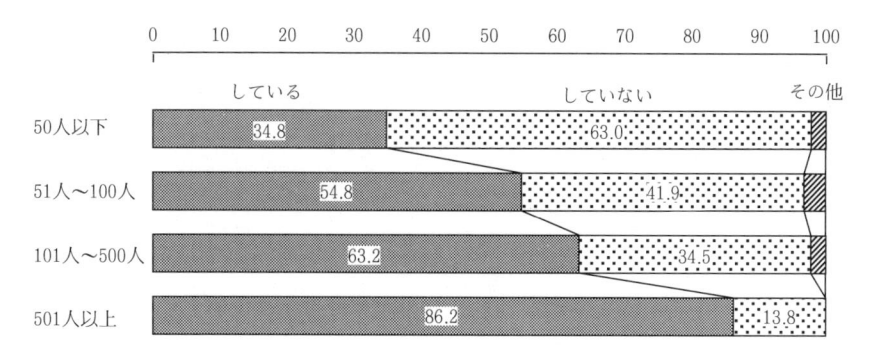

従業員数	している	していない	その他
50人以下	34.8	63.0	
51人〜100人	54.8	41.9	
101人〜500人	63.2	34.5	
501人以上	86.2	13.8	

表4-10 ボランティア活動への参加度×ボランティア活動に対する関心度

問3 問5	関心がある	少し関心をもっている	関心がない	わからない	その他
している	49 (81.7)	52 (54.7)	7 (58.3)	3 (13.0)	0 (0.0)
していない	10 (16.7)	42 (44.2)	5 (41.7)	18 (78.3)	1 (100.0)
その他	1 (1.7)	1 (1.1)	0 (0.0)	2 (8.7)	0 (0.0)
合計	60 (100.0)	95 (100.0)	12 (100.0)	23 (100.0)	1 (100.0)

$\chi^2=38.143$ df=8 P<0.001

表4-11 ボランティア活動への参加度×ボランティア活動の必要性

問4 問5	必要性を感じている	どちらかといえば必要だと思う	必要性を感じない	わからない	その他
している	52 (78.8)	51 (53.1)	3 (37.5)	4 (21.1)	1 (100.0)
していない	13 (19.7)	43 (44.8)	5 (62.5)	14 (73.7)	0 (0.0)
その他	1 (1.5)	2 (2.1)	0 (0.0)	1 (5.3)	0 (0.0)
合計	60 (100.0)	96 (100.0)	8 (100.0)	19 (100.0)	1 (100.0)

$\chi^2=26.113$ df=8 P<0.01

　では，企業としてボランティア活動に対して必要性を感じているかどうかといったことが，活動への参加度に影響を与えるのであろうか。そこで，〈ボランティア活動の必要性〉(問4)と〈ボランティア活動への参加度〉(問5)とのクロス集計を行ってみると，表4-11のようになった。やはり，企業としてボランティア活動に「必要性を感じている」ところでは，78.8％がボランティア活動に参加

を「している」と答えている。ただし，表4−10でもみられた現象だが，「わからない」という選択肢を選ぶ企業では，ボランティア活動に参加を「していない」と回答する比率が70％を越えていることがわかる。つまり，企業としてボランティア活動に関して意識化されていない企業では，このような現象が出てくるのではないかと思われる。

第7節　参加している従業員数

問6　問5で「している」とお答えになった企業のみ，お答え下さい。
(1)　ボランティア活動を行っている従業員はおおよそ何名ぐらいですか。

次に，ボランティア活動に参加をしていると回答のあった企業（113社）に対し，企業として実施しているプログラムに参加している従業員の数を聞いた。企業の回答者（記入者）が参加人数を正確に把握することはむずかしいためか，回答数が71社に止まったが，結果は表4−12（図4−8）に示すとおりである。

表4−12　参加している従業員数

選　択　肢	度　　数	累積度数	％	累　積％
1人〜20人	33	33	46.5	46.5
21人〜40人	10	43	14.1	60.6
41人〜80人	10	53	14.1	74.6
81人以上	18	71	25.4	100.0
合　　　計	71		100.0	

図4－8　参加している従業員数

- 47%　1人～20人
- 14%　21人～40人
- 14%　41人～80人
- 25%　81人以上

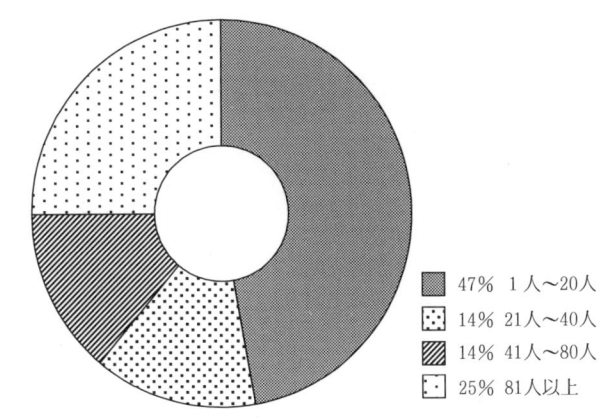

表4－13　従業員数×参加している従業員数

問2 ＼ 問6(1)	1人～20人	21人～40人	41人～80人	81人以上	合計
50人以下	5 (100.0)	0 (0.0)	0 (0.0)	0 (0.0)	5 (100.0)
51人～100人	5 (55.6)	2 (22.2)	2 (22.2)	0 (0.0)	9 (100.0)
101人～500人	18 (47.4)	7 (18.4)	5 (13.2)	8 (21.1)	38 (100.0)
501人以上	5 (26.3)	1 (5.3)	3 (15.8)	10 (52.6)	19 (100.0)

$\chi^2=18.187$　df＝9　$P<0.05$

〈参加している従業員数〉と企業の業種との関連を調べてみたが，有意な関連はみられなかった。しかし，この設問でも企業の従業員数との間には有意差がでており，表4－13（図4－9）のように，従業員数の多い企業にボランティア活動への参加人数も多くなっている。ただし，従業員数が「501人以上」の企業19社のうち5社（26.3%）は，ボランティア活動への参加人数が「1人～20人」に止まっている。

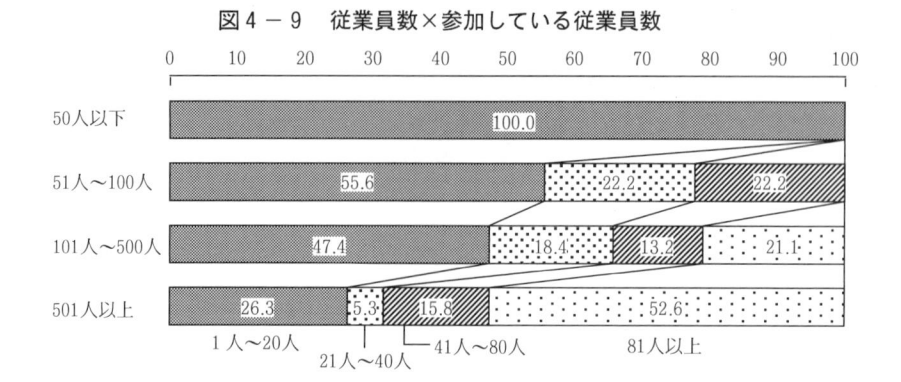

図4-9　従業員数×参加している従業員数

従業員数	1人～20人	21人～40人	41人～80人	81人以上
50人以下	100.0			
51人～100人	55.6	22.2	22.2	
101人～500人	47.4	18.4	13.2	21.1
501人以上	26.3	5.3	15.8	52.6

第8節　実施している活動内容

(2)　実施しているボランティア活動とその活動の内容は何ですか。
　　（複数回答可）

　ボランティア活動に参加をしていると回答のあった企業（113社）に対し，実施しているボランティア活動の内容を質問してみた。図4-10に示しているメニューを列挙した上で，該当するものに〇印をつけていく方式でたずねてみた。「地域や町内会等への協力」と「金銭の寄付，（助成）活動」が度数88（77.9％）で最も多かったが，図4-11からもわかるように，「募金活動への協力」82（72.6％）など，金銭的な活動（支援）内容が目を引く。

第 4 章　企業ボランティアに関する調査報告書　93

図 4 −10　実施している活動内容

選　択　肢	度数
募金活動への協力	82
金銭の寄付，（助成）活動	88
物品の寄贈	37
物品の貸出	15
施設の提供・貸出	31
招待	18
地域や町内会等への協力	88
障害者・老人向き商品の開発	7
障害者・老人向きサービスの実施	19
文化支援活動	19
専門的相談・指導・講演	19
国際交流のための援助	19
その他	8
合　　　　　計	450

図 4 −11　実施している活動内容

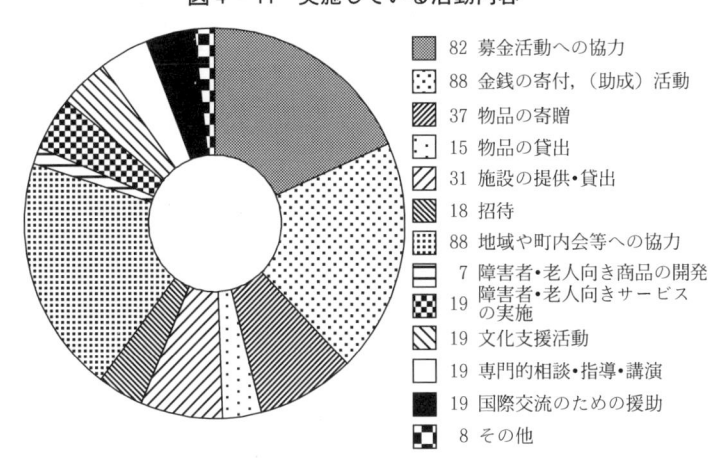

- 82　募金活動への協力
- 88　金銭の寄付，（助成）活動
- 37　物品の寄贈
- 15　物品の貸出
- 31　施設の提供・貸出
- 18　招待
- 88　地域や町内会等への協力
- 7　障害者・老人向き商品の開発
- 19　障害者・老人向きサービスの実施
- 19　文化支援活動
- 19　専門的相談・指導・講演
- 19　国際交流のための援助
- 8　その他

第9節　社員の地域活動への支援制度

(3) 社員が個人として，地域活動（ボランティア活動等）をしている場合，そのことを支援する制度等がありますか。（複数回答可）

　ボランティア活動に参加をしていると回答のあった企業（113社）に対し，社員が個人として地域活動（ボランティア活動等）を行っている場合に，それを支援する制度があるか否かについて質問してみると，図4－12のような結果となった。最も多いのは，「ボランティア活動に参加する申し出があれば，仕事に支障のない範囲で認める」で，66社（58.4%）である。「活動に参加を提唱している」

図4－12　社員の地域活動への支援制度

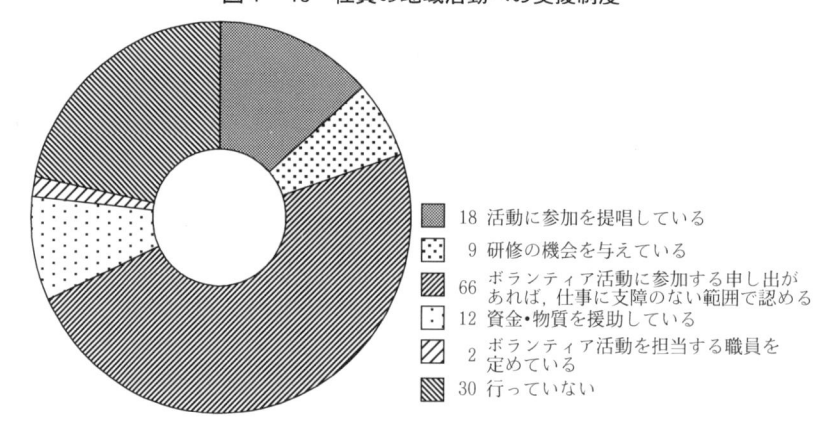

選　択　肢	度数
活動に参加を提唱している	18
研修の機会を与えている	9
ボランティア活動に参加する申し出があれば，仕事に支障のない範囲で認める	66
資金・物資を援助している	12
ボランティア活動を担当する職員を定めている	2
行っていない	30
合　　　　　計	137

図4－13　社員の地域活動への支援制度

- 18　活動に参加を提唱している
- 9　研修の機会を与えている
- 66　ボランティア活動に参加する申し出があれば，仕事に支障のない範囲で認める
- 12　資金・物質を援助している
- 2　ボランティア活動を担当する職員を定めている
- 30　行っていない

は，18社（15.9％）であった。「ボランティア活動を担当する職員を定めている」
は2社にすぎない。なお，社員の地域活動への支援制度を何も「行っていない」
企業は，30社（26.5％）である。

第10節　社員のボランティア活動に対する評価

問7　(1)　社員の行っているボランティア活動（企業として行っている活動，個人として行っている活動，いずれの場合であっても）について，評価されていますか。

　企業としてボランティア活動に参加しているか否かは別として，社員の行っているボランティア活動に対する評価についてたずねてみた。表4－14（図4－14）に示しているように，「している」が49.1％，「していない」が39.8％，「その他」11.2％となる。

表4－14　社員のボランティア活動に対する評価

選択肢	度数	累積度数	％	累積％
している	79	79	49.1	49.1
していない	64	143	39.8	88.8
その他	18	161	11.2	100.0
合計	161		100.0	

図4－14 社員のボランティア活動に対する評価

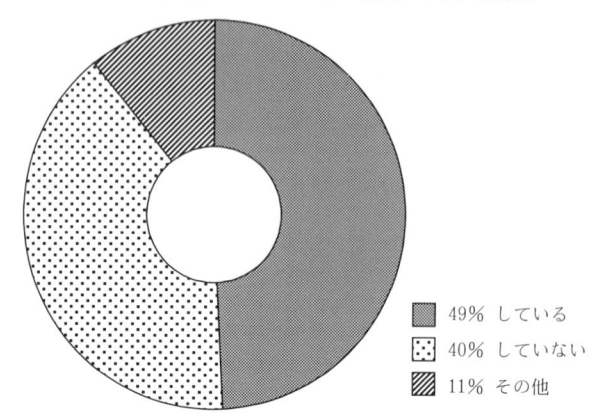

49% している
40% していない
11% その他

表4－15 社員のボランティア活動に対する評価×ボランティア活動に対する関心度

問3 問7(1)	関心がある	少し関心を もっている	関心がない	わからない	その他
している	40 (74.1)	35 (43.8)	1 (12.5)	2 (11.8)	0 (0.0)
していない	11 (20.4)	36 (45.0)	5 (62.5)	11 (64.7)	0 (0.0)
その他	3 (5.6)	9 (11.3)	2 (25.0)	4 (23.5)	0 (0.0)
合計	54 (100.0)	80 (100.0)	8 (100.0)	17 (100.0)	0 (100.0)

$\chi^2=28.885$　df＝8　P＜0.001

〈社員のボランティア活動に対する評価〉と企業の業種および従業員数との間には関連はみられなかったが，問3〈ボランティア活動に対する関心度〉との間には有意差がみられた。表4－15（図4－15）に示すように，企業としてボランティア活動に「関心がある」企業では74.1％が社員のボランティア活動に評価を「している」と回答しているが，「関心がない」企業では62.5％が，また「わからない」と回答する企業では64.7％が，評価を「していない」と答えている。

図4－15　ボランティア活動に対する関心度×社員のボランティア活動に対する評価

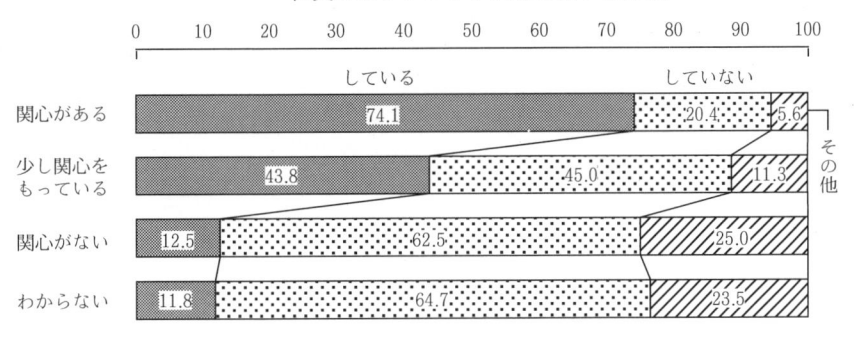

	している	していない	その他
関心がある	74.1	20.4	5.6
少し関心をもっている	43.8	45.0	11.3
関心がない	12.5	62.5	25.0
わからない	11.8	64.7	23.5

表4－16　社員のボランティア活動に対する評価×ボランティア活動の必要性

問7(1) ＼ 問4	必要性を感じている	どちらかといえば必要だと思う	必要性を感じない	わからない	そ の 他
している	42 (70.0)	34 (43.6)	0 (0.0)	1 (7.7)	1 (100.0)
していない	13 (21.7)	34 (43.6)	5 (83.3)	10 (76.9)	0 (0.0)
そ の 他	5 (8.3)	10 (12.8)	1 (16.7)	2 (15.4)	0 (0.0)
合　　計	60 (100.0)	78 (100.0)	6 (100.0)	13 (100.0)	1 (100.0)

$\chi^2=27.999$　df＝8　P＜0.001

　また，〈社員のボランティア活動に対する評価〉は，問4〈ボランティア活動の必要性〉と関連がみられた。表4－16（図4－16）に示すように，企業としてボランティア活動に「必要性を感じている」企業では70.0％が，社員のボランティア活動に評価を「している」と回答しているが，「必要性を感じない」企業では83.3％が，また，「わからない」と回答する企業では76.9％が，評価を「していない」と答えている。

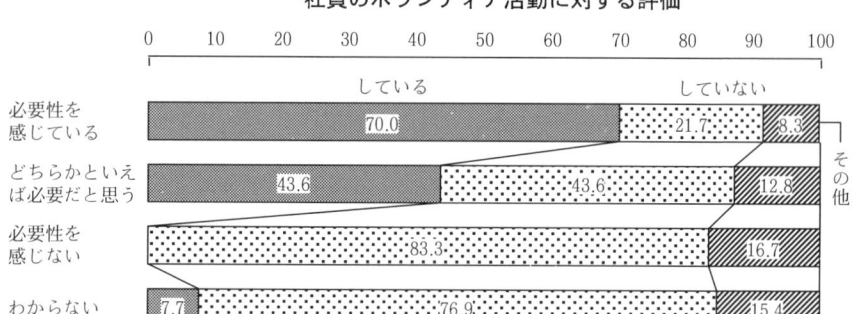

図4-16 ボランティア活動の必要性×
社員のボランティア活動に対する評価

	している	していない	その他
必要性を感じている	70.0	21.7	8.3
どちらかといえば必要だと思う	43.6	43.6	12.8
必要性を感じない		83.3	16.7
わからない	7.7	76.9	15.4

第11節 評価の内容

(2) 「評価している」と答えられた企業のみお答え下さい。
評価されている内容についておたずねします。

　社員の行っているボランティア活動に対して評価を「している」と回答のあった企業(79社)に対し、評価の内容についてたずねてみると、表4-17(図4-17)のようになった。「仕事に支障のない範囲で認める」が最も多く、次いで「活動に参加を奨励している」の順となっている。「業績評価の対象としている」は5社に止まっている。

表4-17 評価の内容

選択肢	度数	累積度数	%	累積%
業績評価の対象としている	5	5	6.2	6.2
社内褒章等で運用している	16	21	19.8	25.9
活動に参加を奨励している	20	41	24.7	50.6
仕事に支障のない範囲で認める	38	79	46.9	97.5
その他	2	81	2.5	100.0
合計	81		100.0	

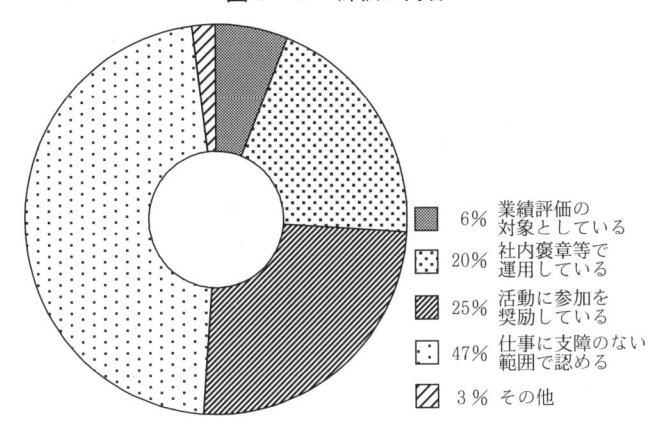

図 4-17 評価の内容

- 6% 業績評価の対象としている
- 20% 社内褒章等で運用している
- 25% 活動に参加を奨励している
- 47% 仕事に支障のない範囲で認める
- 3% その他

第12節　今後の活動

1．今後の活動の有無

問8　問5で「していない」とお答えになった企業のみ，お答え下さい。

(1) 企業として，これからボランティア活動を，実施したいとお考えですか。

　問5において，企業としてボランティア活動に参加をしているかの有無について質問したが，参加を「していない」と回答のあった企業に対し，今後，ボランティア活動を実施する意向の有無についてたずねてみた。結果は表4-18（図4-18）のようになり，「考えている」21.0%，「考えていない」27.4%，「わからない」50.0%，「その他」1.6%となった。「考えていない」と「わからない」とを合計す

表4-18　今後の活動の有無

選択肢	度数	累積度数	%	累積%
考えている	13	13	21.0	21.0
考えていない	17	30	27.4	48.4
わからない	31	61	50.0	98.4
その他	1	62	1.6	100.0
合　計	62		100.0	

図4-18 今後の活動の有無

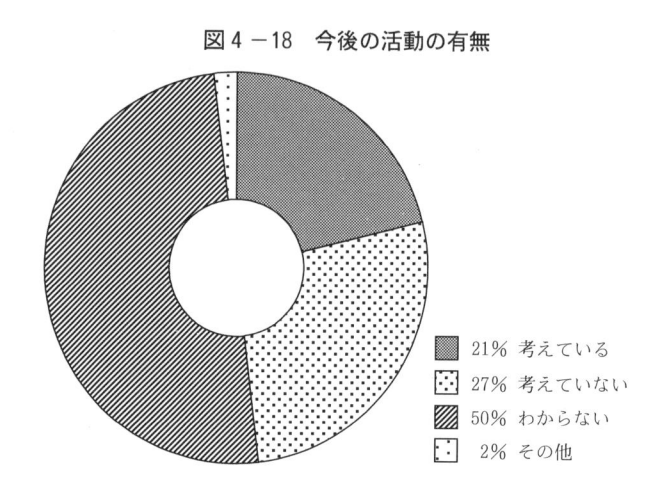

21% 考えている
27% 考えていない
50% わからない
2% その他

ると77.4%となり，ボランティア活動に対して消極的な姿勢がうかがえる。

〈今後の活動の有無〉は，企業の業種とに有意な関連がみられ，表4-19に示すように，「卸売業，小売業」において「わからない」と答える比率が高くなっている。ただし，全体数が少ないため，明確な分析は不充分といわざるを得ない。

第4章 企業ボランティアに関する調査報告書　101

表4−19　企業の業種×今後の活動の有無

問8(1) 問1	考えている	考えていない	わからない	その他	合　計
建設業	0 0.0 0.0	5 50.0 29.4	5 50.0 16.1	0 0.0 0.0	10 100.0 16.1
製造業	5 27.8 38.5	5 27.8 29.4	8 44.4 25.8	0 0.0 0.0	18 100.0 29.0
卸売業, 小売業	1 7.7 7.7	2 15.4 11.8	10 76.9 32.3	0 0.0 0.0	13 100.0 21.0
サービス業	5 35.7 38.5	4 28.6 23.5	5 35.7 16.1	0 0.0 0.0	14 100.0 22.6
運輸通信業	0 0.0 0.0	1 25.0 5.9	2 50.0 6.5	1 25.0 100.0	4 100.0 6.5
その他	2 66.7 15.4	0 0.0 0.0	1 33.3 3.2	0 0.0 0.0	3 100.0 4.8
合　計	13 21.0 100.0	17 27.4 100.0	31 50.0 100.0	1 1.6 100.0	62 100.0 100.0

$\chi^2 = 29.485$　df=15　$P < 0.05$

2．今後の活動の内容

(2) (1)で「考えている」と答えられた企業のみお答え下さい。
　　その内容についておたずねします。

　問8−(1)で，企業として今後，ボランティア活動を実施することを「考えている」と回答のあった企業，つまりこれまでは活動を行っていなかったが，今後実施することを考えている企業に，その活動の内容についてたずねてみた。集計の結果は，表4−20に示している。

表4-20 今後の活動の内容

選択肢	度数	累積度数	%	累積%
活動に参加を提唱	3	3	20.0	20.0
企業の施設や機材の提供	2	5	13.3	33.3
資材や物品の援助	2	7	13.3	46.7
企業として福祉活動等に参加	4	11	26.7	73.3
地域活動に企業の人材を派遣	3	14	20.0	93.3
その他	1	15	6.7	100.0
合計	15		100.0	

第13節 県内本社・県外本社の区分

今回の調査では，設問としては設けていないが，県内本社企業と県外本社企業とに区分して，それらの実数を集計してみた。表4-21に示すように，「県内本社企業」が142社（73.6%），「県外本社企業」が51社（26.4%）である。

表4-21 県内本社・県外本社の区分

選択肢	度数	累積度数	%	累積%
県内本社企業	142	142	73.6	73.6
県外本社企業	51	193	26.4	100.0
合計	193		100.0	

〈県内本社・県外本社の区分〉と全設問とのクロス集計を行ってみると，問1〈企業の業種〉，問2〈企業の従業員数〉，問7—(2)〈評価の内容〉において有意な関連がみられた。その集計結果は，表4-22，表4-23，表4-24に示すとおりである。

表4-22 企業の業種×
県内本社・県外本社の区分

問1	県内本社企業	県外本社企業
建設業	17 (12.0)	12 (23.5)
製造業	46 (32.4)	20 (39.2)
卸売業,小売業	21 (14.8)	4 (7.8)
サービス業	37 (26.1)	7 (13.7)
運輸通信業	8 (5.6)	7 (13.7)
その他	13 (9.2)	1 (2.0)
合計	142 (100.0)	51 (100.0)

$\chi^2=13.585$ df=5 P<0.05

表4-23 従業員数×
県内本社・県外本社の区分

問2	県内本社企業	県外本社企業
50人以下	40 (28.2)	6 (11.8)
51人〜100人	22 (15.5)	9 (17.6)
101人〜500人	68 (47.9)	19 (37.3)
501人以上	12 (8.5)	17 (33.3)
合計	142 (100.0)	51 (100.0)

$\chi^2=20.748$ df=3 P<0.001

表4-24 評価の内容×県内本社・県外本社の区分

問7(2)	県内本社企業	県外本社企業
業績評価の対象としている	2 (3.6)	3 (11.5)
社内褒章等で運用している	6 (10.9)	10 (38.5)
活動に参加を奨励している	15 (27.3)	5 (19.2)
仕事に支障のない範囲で認める	30 (54.5)	8 (30.8)
その他	2 (3.6)	0 (0.0)
合計	55 (100.0)	26 (100.0)

$\chi^2=12.106$ df=4 P<0.05

第14節 ボランティア活動について感じていること

問9 上記,質問以外で,ボランティア活動について感じられておられること,思われていることなど,御自由に御記入下さい。
- 中期経営計画のなかで「ふるさとの共生」という基本方針の具体的施策として「ボランティア活動への参加」を掲げている。〔サービス業,従業員数=501人以上〕
- ボランティア活動への企業参加の必要性は充分わかるが,はたして企業がボランティア活動へどう参加すべきかわからず,今後企業へ積極的にその必要

性を啓発する必要があると考えます。　　〔その他，従業員数＝501人以上〕
- どのようなボランティア活動組織があるか知らない，また，どこまでボランティアが生かされているかも知らないのが現在の状況です。　　〔サービス業，従業員数＝50人以下〕
- ボランティア活動の意義については，私個人は判っている部分もありますが，小零細企業では，自社の福利厚生面の充実度も低く，レベルアップさえままならないのが実情です。今後も努力はしたいと思っています。　　〔建設業，従業員数＝51人〜100人〕
- ボランティア活動と問われると何か大きい事をしているか，していないかと考えがちである。共同募金に寄付したり，赤い羽根に100円入れたり，それがボランティア活動といえるのだろうか？　　〔製造業，従業員数＝101人〜500人〕
- 強制されず意思の下で行う。　　〔製造業，従業員数＝50人以下〕
- 個人企業なので，したくてもあまりできない。
個人として参加したい。　　〔製造業，従業員数＝50人以下〕
- ボランティア活動も必要性は感じますが，その余裕がないというのが実情です。　　〔製造業，従業員数＝101人〜500人〕
- 我社は小人数の為，ボランティア活動と申しましても，人手不足で誠に申し訳ございません。　　〔卸売業，小売業，従業員数＝50人以下〕
- ボランティア活動の情報が不足しており，もっとP.Rが必要ではないかと思います。　　〔サービス業，従業員数＝50人以下〕
- 活動を行うのに時間的「ゆとり」が無い。
活動を受ける側（介護）としては，必要性を痛切に感じます。　　〔サービス業，従業員数＝101人〜500人〕
- ボランティアとしてでなく，業務上で身体にハンディーを持たれているお客様のご参加いただく事が多々あります。
この際に差別する事なく健康なお客様と同一のレベルでのサービスを提供する事が大切な事だと感じております。あたりまえの事をあたりまえにする事がボランティアの基本であるとの精神で今後も対応してまいります。
〔サービス業，従業員数＝50人以下〕

・社内ではボランティア活動に参加して下さいとの話はありますが，各個人の成績によりなかなか参加できないのが現状です。
呼びかけただけで終わらないようにしてほしいものです。　〔製造業，従業員数＝501人以上〕
・文化的・社会的に意義のある行事が少ないように思う。　〔製造業，従業員数＝501人以上〕

〔付　記〕
　本報告書は，愛媛県社会福祉事業団が，職域ボランティア開発委員会『職域ボランティアの現状と課題』（1991年）を参考として実施した調査を，井村研究室が委託を受け，市民用にわかりやすくという意向のもとに，集計し報告書としてまとめたものである。

第5章　地域福祉推進へのボランティア活動に関するプリコード調査報告

第1節　序　論

　近年，「地域福祉調査」という用語が地域福祉活動を推進していく上で固有の専門用語として使用されるようになってきた。例えば，1988年に「北海道社会福祉協議会」に「社協活動調査研究委員会」が設置されたが，同委員会の活動の一つとして，1989年に市町村社協の調査活動を具体的に援助するマニュアル書として『地域福祉調査ハンドブック』が刊行された。

　また，高荻盾男は『地域福祉事典』(1997年) の中で，地域福祉調査を定義する上で以下の3点の特徴を挙げている。「第1には，地域福祉の理論と実践の発展に寄与する目的を持って実施される調査活動である。(中略) 地域福祉調査は，厳密な実態把握を通して問題解決に接近するという，実践的な調査活動であるという特色をもつ。」[1]「第2に，地域福祉調査は，地域福祉問題をもつ当事者を含む集団や，関連する社会集団を調査対象とする。」[2]「第3は，地域福祉調査は，当事者から面接するなどの現地調査（フィールドワーク）によって，集団に関するデータを直接的に収集する。」[3] このような視点は，地域福祉調査を仮説の検証を求める調査活動や理論の構築を模索する方法論として位置づけるのではなく，実践的具体的に地域福祉計画の策定や福祉政策の推進に結びつく方法として機能することを意味する。

　地域福祉調査の方法として，事例研究も広義には包含されるが，「地域」という用語を使用する形での社会福祉調査は，一つの特徴として，当事者や家族のデータ分析というよりは当事者を含む集団，地域の特性を分析することに焦点があてられる。同時に，個別的には地域住民を対象とする調査であることから，問題の共有性，広報性を視点に入れ，調査目的，方法が地域住民に適切に享受される形での具体的方法論・活動論でなければならない。このことは地域福祉調査が公共的な性質であること，同時に地域住民の生活のための調査であることを前提としており，常に地域福祉サービスの内実を向上させるための社会活動法（ソーシャ

ルアクション）と繋がっていることを踏まえておかなければならない。

上記のような論点から本調査は地域という一つの調査単位を前提として、地域で生活する住民の生活実態・福祉意識等を実践的に調査している。特に今回は、岡山県総社市において、[4]今後社協あるいはその他の民間団体がボランティア活動を計画的に推進していく上での基礎資料を得ることを目的として調査を実施した。[5]

第2節　調査方法

1．調査対象

本調査は岡山県総社市で実施している。総社市内8か所の全ての保育所に調査票を配布し、保護者とその家族から回答を求めている。[6]配布調査票数は1,000部であり、429部の有効回答票があった。[7]

なお、今回の調査研究は調査対象者（回答者）を単一化した形による分析を採用し、「母親」のみのサンプルを抽出している。よって、有効回答票は305部である。

2．調査方法

調査対象者（母親）の本来の声が聞けるように回収は匿名による郵送調査法とした。なお、調査票は保育所職員が保護者あるいは家族に渡し、自宅で回答し、調査主体者まで返送する形式をとった。調査票はプリコード回答法で実施しており、回答形式は単一回答形式（single answer : SA）、制限複数回答形式（limited answer : LA）、無制限複数回答形式（multiple answer : MA）に区分している。調査期間は1998年3月5日～3月17日である。[8]

第3節　分　析

1．満年齢（SA）

「満年齢」は数値記入ではなく、表5－12に示す選択肢で尋ねているが、[9]「30～39歳」が56.9%で過半数を占めており、以下「20～29歳」19.4%、「40～49歳」17.4%であった。「満年齢」と「居住年数」との間には有意差がみられ、「居住年数」が「5年未満」の者では「20～29歳」が32.8%、「30～39歳」が64.2%となっており、大半は20歳代、30歳代であることが解る。

2．家族構成（SA）

「家族構成」は表5－13に示しているように,「2世代」が75.0％,「3世代」22.7％となっている。

3．住居種類（SA）

「住居種類」は表5－14に示しているが,「持ち家」が74.8％であった。

4．今後の居住希望（SA）

「あなたは今後も総社市に住み続けたいと思いますか。」という設問を投げ掛けて見ると，表5－15のように,「住みたい」63.7％,「住みたくない」4.3％,「どちらともいえない」29.7％,「わからない」2.3％となった。「居住年数」との間には有意差が見られ，明らかに居住年数の長い者に「住みたい」と反応する傾向が出ている。例えば，居住年数「20年以上」で「住みたい」は78.5％であるが,「5年未満」では「住みたい」は47.8％であった。居住年数「5年未満」では「どちらともいえない」が40.3％,「わからない」4.5％となっており，5割近くが「今後の居住希望」に対して明確な回答を示していないのであった。また，居住年数「5年未満」では総社市に「住みたくない」と明言する者が7.5％存在した。

5．現在の関心事（LA＝3）

表5－16には,「今最も関心を寄せているのはどのような事がらですか。」（LA＝3）という設問への集計結果を示している。全体では「子どもの教育のこと」63.9％と「家族のこと」59.0％が過半数を超えている。また,「健康のこと」48.9％,「仕事・職場のこと」46.6％も比率が高くなっているが，同時に「住宅のこと」15.7％,「趣味，教養，娯楽のこと」15.7％と共に「老後のこと」が15.4％に達している。この設問は「居住年数」とに有意な関連は見えないが，表5－1のように,「満年齢」との間には顕著な差が見られた。例えば,「50歳以上」の年代では「健康のこと」89.5％そして「老後のこと」52.6％が他の年代に比較して著しく高い比率を表すのであった。これに対し,「20～29歳」では「子どもの教育のこと」が78.0％と高くなっており，また「住宅のこと」が37.3％と他の

表5-1 現在の関心事（LA＝3）×満年齢

		20～29歳		30～39歳		40～49歳		50歳以上	
①	仕事・職場のこと	30	50.8	90	52.0	18	34.0	4	21.1
②	健康のこと	20	33.9	76	43.9	36	67.9	17	89.5
③	家族のこと	31	52.5	108	62.4	27	50.9	13	68.4
④	子どもの教育のこと	46	78.0	116	67.1	31	58.5	1	5.3
⑤	住宅のこと	22	37.3	23	13.3	2	3.8	0	0.0
⑥	物価のこと	3	5.1	11	6.4	4	7.5	1	5.3
⑦	隣近所とのつき合いのこと	1	1.7	7	4.0	1	1.9	2	10.5
⑧	老後のこと	2	3.4	21	12.1	14	26.4	10	52.6
⑨	趣味，教養，娯楽のこと	10	16.9	25	14.5	8	15.1	5	26.3
⑩	政治，経済，社会のこと	0	0.0	8	4.6	3	5.7	2	10.5
⑪	自然，社会の環境のこと	6	10.2	17	9.8	5	9.4	0	0.5
⑫	ボランティアなど地域の諸活動のこと	1	1.7	2	1.2	4	7.5	1	5.3
⑬	その他	0	0.0	1	0.6	0	0.0	0	0.0

$\chi^2=107.433$　df＝36　P＜0.001

年代に比べ高い比率を示している。住宅に関しては，「20～29歳」に「アパート」が22.0％「借家」が13.6％「公営住宅」10.2％「社宅」5.1％となっており，それらの比率が高く，逆に「持ち家」が47.5％と他の年代に比べて低いことに起因していると推察される。

6．近所づきあい（SA）

普段の「近所づきあい」について表5-17では尋ねているが，「顔が合えば挨拶をする程度」が47.5％で半数近くを占めている。「日頃から助け合ったり相談したりする」は10.8％であった。「近所づきあい」は「居住年数」との間に関連があると思われたが，今回の調査では有意差は見られなかった。また，「満年齢」との間にも関連は出ていない。

7．行事への参加（SA）

表5-18には市や地区で行われる一般の行事への参加の度合いについて尋ねた結果を示している。「参加する」と答える選択肢群と「参加しない」と答える選択肢群がほぼ拮抗していることが解る。この設問には「居住年数」で差は見られ

表5－2　行事への参加×満年齢

		20～29歳		30～39歳		40～49歳		50歳以上	
①	よく参加する	2	3.4	1	0.6	3	5.7	1	5.3
②	まあまあ参加する	13	22.0	70	40.7	28	52.8	13	68.4
③	余り参加しない	37	62.7	85	49.4	18	34.0	5	26.3
④	全く参加しない	7	11.9	16	9.3	4	7.5	0	0.0

$\chi^2=25.507$　df=9　P<0.01

ないが,「満年齢」によって差異が表れており, 表5－2に示すように, 加齢に伴って「参加」と答える現象が明確に解る。「満年齢」は先の「現在の関心事」とも有意性が見られたように, 仕事を持つ母親にとってはライフスタイルの変化, ひとつには育児或いは住宅状況（持ち家の有無）, 加齢に伴う仕事・職場の変化, 健康状態等によって, 地域への参加の度合に変化が生じることが理解できる。また,「行事への参加」の設問は先に挙げた「今後の居住希望」とに関連が出ており（P<0.001）, 予測はつくことではあるが, 今後も総社市に「住みたい」群は「参加する」と答える選択肢群が52.1％であるが,「住みたくない」群で「参加」はわずか15.4％に止まっているのであった。

8．社会福祉への関心（SA）

「あなたは社会福祉について関心をお持ちですか。」という唐突とも思える設問を投げ掛けて見ると, 表5－19のように, 67.4％が「まあまあ関心を持っている」と答えている。「あまり関心は持っていない」19.4％,「まったく関心は持っていない」1.3％,「わからない」1.3％を合計すると, 22.0％の者が「無関心群」ということになる。「社会福祉への関心」は「居住年数」により変化は出ていないが,「満年齢」とには有意差が見られ（P<0.01）,「20～29歳」では他の年代に比べ「あまり関心は持っていない」（30.5％）と回答する傾向が出ている。また,「50歳以上」に「強く関心を持っている」（21.1％）と回答する比率が高いことが解る。「行事への参加」の度合いとの関連を見ると, 図5－1のように, 行事に[10]「まあまあ参加する」という選択肢には明らかに社会福祉への「関心群」の比率が高くなっている。逆に, 行事に対して「余り参加しない」という選択肢には社会福祉への「無関心群」の比率が顕著に高いことが解る。

図5−1 行事への参加×社会福祉への関心

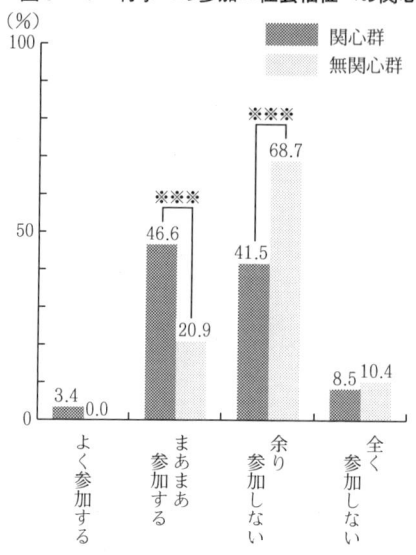

(%) 関心群 無用心群
よく参加する: 3.4 / 0.0
まあまあ参加する: 46.6 / 20.9 ※※※
余り参加しない: 41.5 / 68.7 ※※※
全く参加しない: 8.5 / 10.4

「社会福祉への関心」に関する設問に「あまり関心は持っていない」(N＝59)「まったく関心は持っていない」(N＝4)と回答した者にその理由を尋ねてみると(SA)、表5−21に示すように、「自分は福祉と関係ないから」という理由は皆無であったが、「福祉の事を日ごろ考える事がないから」39.7％、「福祉の事は良く知らないから」30.2％、「身近に福祉に関係する人がいないから」28.6％となっており、この設問が単一回答形式であり、制限複数回答形式等であれば、かなりの比率で選択した可能性も考えられる。いずれにしても「良く知らない」「日ごろ考える事がない」という市民の声は、厳格に受け止める必要性がある。なお、この社会福祉への「無関心群」の理由設問と「満年齢」「居住年数」「今後の居住希望」等に有意差は出ていないことを述べておく。今後、度数を増加させた方式で「無関心群」の分析が必要である。

9．ボランティア活動について
(1) ボランティア活動への関心 (SA)

表5−19と同様の形式で「ボランティア活動への関心」の有無について尋ねた結果を表5−22に示している。「関心がある」と回答する群「関心群」は57.1％に達するが、反対に「余り関心がない」が32.8％、「関心がない」3.0％、「わからない」7.2％となり、「無関心群」ともいえる層が43.0％に及んでいることが解る。表5−19において社会福祉への「無関心群」が22.0％であったことから、ボランティア活動へ興味・関心の無さの度数は2倍近くに膨れ上がっていることになる。表5−22を「満年齢」との関連で見てみると、加齢に伴ってボランティア活動に関心を示す傾向が出ており ($P<0.05$)、「関心がある」と回答する比率は「20〜29歳」44.1％、「30〜39歳」51.4％、「40〜49歳」67.9％、「50歳以上」84.2

図5－2 満年齢×ボランティア活動への関心

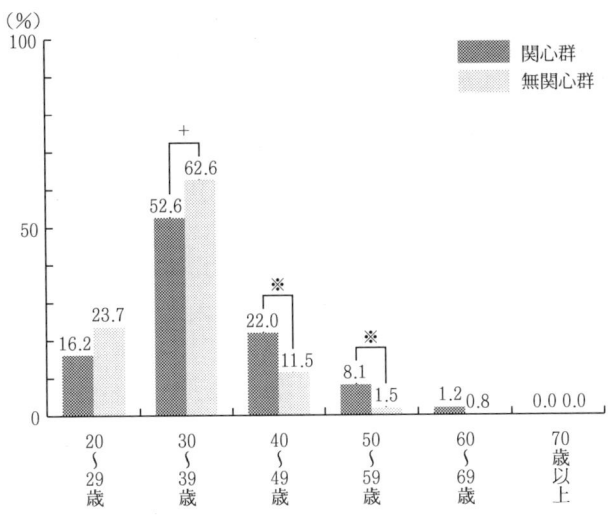

	20～29歳	30～39歳	40～49歳	50～59歳	60～69歳	70歳以上
関心群	16.2	52.6	22.0	8.1	1.2	0.0
無関心群	23.7	62.6	11.5	1.5	0.8	0.0

30～39歳：+、40～49歳：※、50～59歳：※

％であった。また，視点を変え，独立変数を「関心群」「無関心群」として表してみると，図5－2のように，「30～39歳」においては危険率P＜0.1ではあるが「無関心群」が多く，「40～49歳」「50～59歳」においては有意に「関心群」が多くなっているのであった。「居住年数」との関連では「5～10年未満」において顕著な有意性が表出されており（P＜0.001），この年数に「無関心」であると答える比率が高くなっていた。「行事への参加」との関連では明らかにボランティア活動に関心を示す者に市や地区で行われる行事に参加する現象が出ており，「関心群」で参加は55.4％であるが，これに対し「無関心群」で参加は27.5％に止まっているのであった（表5－3）。ただし，ボランティア活動に「関心群」であっても行事には「余り参加しない」者が37.0％，「全く参加しない」者が7.5％ほど存在することを述べておく。逆にいえば，ボランティア活動には興味はないが，地域の行事には参加

表5－3 行事への参加×ボランティア活動への関心

		関心群		無関心群	
①	よく参加する	7	4.0	1	0.8
②	まあまあ参加する	89	51.4	35	26.7
③	余り参加しない	64	37.0	81	61.8
④	全く参加しない	13	7.5	14	10.7

$\chi^2=24.715$ df＝3 P＜0.001

表5-4　ボランティア活動への関心×社会福祉への関心

		強く関心を持っている		まあまあ関心をもっている		あまり関心は持っていない		まったく関心は持っていない		わからない	
①	非常に関心がある	4	12.5	2	1.0	0	0.0	0	0.0	0	0.0
②	関心がある	27	84.4	134	65.4	6	10.2	0	0.0	0	0.0
③	余り関心がない	1	3.1	53	25.9	41	69.5	3	75.0	2	50.0
④	関心がない	0	0.0	2	1.0	5	8.5	1	25.0	1	25.0
⑤	わからない	0	0.0	14	6.8	7	11.9	0	0.0	1	25.0

$\chi^2=122.596$　df=16　P<0.001

する者も27.5%も存在するということである。なお，表5-19で分析した「社会福祉への関心」と「ボランティア活動への関心」は強い有意性が表出されており，表5-4のように，社会福祉に「強く関心を持っている」者では84.4%がボランティア活動に「関心がある」と回答している。また，社会福祉に「あまり関心は持っていない」者では69.5%がボランティア活動に「余り関心がない」と答えている。このようにボランティア活動あるいは社会福祉といった用語には，調査対象者いわば市民の受け止め方に一定の関心の層，社会事象の特性が存在するようではあるが，それが何によって明確化されるのか，同時にひとつの事象として形成されていくのか，その要因を今回の調査とは別の方法で解明していく必要がある。このことは一般化したデータとしてよりも，調査対象者，対象地域の視点で地域の事象を踏まえた調査（地域福祉調査）が求められる。

(2) ボランティア活動の輪（SA）

「あなたはボランティア活動の輪を広げることが必要だと思いますか。」という設問で尋ねてみると，表5-23のような結果となった。「必要」が71.9%を占めているが，「わからない」と回答する者も24.4%存在する。この設問は「満年齢」と関連が見られ，加齢に伴って「ボランティア活動の輪」に関して「必要」と回答する傾向が出ている（P<0.01）。また，この設問は表5-17「近所づきあい」の度合いと有意差が見られ（P<0.05），「顔が合えば挨拶をする程度」の近所との関係の場合は，ボランティア活動の輪に関して「必要」と主張する比率は61.4%に止まり，「わからない」と回答する比率が他の関係群に比べて高くなっていることが解る。例えば，「日頃から助け合ったり相談したりする」群では「必要」と主張する比率は84.8%と高率を示すのであった。このことから，ひとつの側面からの見方ではあるが，近隣・近所への関係の深まりがボランティア活

表5－5　ボランティア活動の輪×社会福祉への関心

	強く関心を持っている		まあまあ関心をもっている		あまり関心は持っていない		まったく関心は持っていない		わからない	
① 必要	28	87.5	162	79.0	25	42.4	1	50.0	1	25.0
② 必要なし	1	3.1	7	3.4	3	5.1	0	0.0	0	0.0
③ わからない	3	9.4	36	17.6	31	52.5	1	50.0	3	75.0

$\chi^2 = 42.301 \quad df = 8 \quad P < 0.001$

動の輪を広めるといった行動に肯定的意向を表出する傾向性が存在することが理解できよう。次に、先に示した「社会福祉への関心」（表5－19）と「ボランティア活動の輪」（表5－23）とをクロス集計して見ると、表5－5のようになった。社会福祉に「強く関心を持っている」者では87.5％がボランティア活動の輪を広げることに「必要」と答えている。これに対し、「あまり関心は持っていない」者で「必要」は42.4％と低くなり、逆に「わからない」が52.5％と過半数を超えていることが解る。つまり、「社会福祉」というイメージあるいは用語に関して関心を示さない層においてはボランティア活動あるいはその活動の発展を否定はしないにしても、肯定的というよりも判断がつかない、明確な価値を持たないという現象が出ているのではないだろうか。

次に、表5－23においてボランティア活動の輪を広げることが「必要」（N＝218）と回答した者にその理由を制限複数回答形式（LA＝2）により尋ねてみると、表5－24のような結果が示された。「社会をよくすることはみんなが進んでやるべきだから」50.9％、「多くの住民に福祉のことを考えるきっかけを作るから」31.7％等、地域住民の主体的な社会参加、啓発的活動としてボランティア活動の輪を広げるといった「地域の組織化」の視点がひとつの側面として浮かび上がってくる。同時に、「行政ではきめ細かいサービスはできないから」43.1％といった行政の補完的機能、「福祉の充実は行政だけにはまかせられないから」24.8％といった主体的な住民活動の必要性が主張されている。いずれにしてもこれらの回答はひとつの選択理由からボランティア活動の推進を形成するのではなく、多面的な絡み合った個別的及び社会的理由によって構築されるものである。

次に、表5－23においてボランティア活動の輪を「必要なし」と回答した者（N＝11）に理由を尋ねてみると（LA＝2）、表5－25のようになった。限定された度数であり客観的データとしての信頼性は薄いが、「本来自発的なものであり、

やりたい人がやればよい」45.5％といった傍観的な立場からの発言,「活動により対象者(利用者)が努力しなくなるから」45.5％,「行政がボランティア活動に頼ってしまうから」36.4％等,ボランティア活動による社会的弊害性,活動の副作用的視点としての発言が明らかとなっている。こうしたボランティア活動への否定的立場をとる層への細かい分析も今後必要となってくる。

(3) ボランティア活動への参加経験の有無(SA)

表5-26にはボランティア活動に参加したことがあるかどうかを尋ねた結果を示しているが,「ある」は33.2％に止まり,66.8％の者が「ない」と回答している。「ボランティア活動への参加経験の有無」は「満年齢」と有意な関連が出ており,表5-6に示すように,加齢に伴い参加経験の「ある」比率が高くなっていることが解る。「20〜29歳」では74.6％,「30〜39歳」では72.7％が「ない」と回答しているのであった。「ボランティア活動への参加経験の有無」は表5-18の「行事への参加」の有無との間にも有意差が見られ($P<0.001$),ボランティア活動に参加経験のある者は地域の行事に「まあまあ参加する」が55.4％であるのに対し,参加経験のない者は行事に「余り参加しない」者が54.5％となっている。この有意性は回答者がボランティア活動と地域行事とを同一のものと理解した可能性も考えられるが,地域行事への参加という行為がボランティア活動への関心といった生活上の視点あるいは思考へと導かれる可能性も考えられる。次に,表5-19の「社会福祉への関心」の有無と「ボランティア活動への参加経験の有無」とにも関連が見られ,表5-7に示すように,社会福祉に「強く関心を持っ

表5-6 ボランティア活動への参加経験の有無×満年齢

		20〜29歳		30〜39歳		40〜49歳		50歳以上	
①	ある	15	25.4	47	27.3	28	52.8	10	52.6
②	ない	44	74.6	125	72.7	25	47.2	9	47.4

$\chi^2=16.774$ df=3 $P<0.001$

表5-7 ボランティア活動への参加経験の有無×社会福祉への関心

		強く関心を持っている		まあまあ関心をもっている		あまり関心は持っていない		まったく関心は持っていない		わからない	
①	ある	21	65.6	73	35.8	6	10.2	0	0.0	0	0.0
②	ない	11	34.4	131	64.2	53	89.8	4	100.0	4	100.0

$\chi^2=33.968$ df=4 $P<0.001$

ている」者では65.6%がボランティア活動に参加したことが「ある」と回答している。これに対し，社会福祉に「あまり関心は持っていない」者の89.8%，また「まったく関心は持っていない」あるいは「わからない」者の100.0%がボランティア活動の経験が「ない」のであった。このことから，独立変数をどちらにとるかはむずかしいが，社会福祉あるいは社会福祉といった領域への関心とボランティア活動の経験の有無との有意な関連は市民の地域生活から培われた一つの事象として考察しても間違いではないであろう。

1）ボランティア活動への参加の動機（SA）

次に表5−26においてボランティア活動に参加した経験が「ある」と回答した者（N=101）に参加の動機を尋ねてみると，表5−27のようになった。単一回答形式で質問しており，複数回答によるとかなりの比率が推測されるが，結果的には「知人や友人に誘われたから」20.5%，「地域行事の関係から」20.5%，「職場の社会奉仕の関係から」18.2%等，上位を占める選択肢は自発性，積極性の欠ける参加理由であることが解る。ただし，中には「人間としてあたり前のことだと思ったから」9.1%，「新聞テレビの報道で関心を持ったから」2.3%といった主体的意向も見られた。

2）参加による感想（LA=2）

表5−29には参加による感想を尋ねているが（LA=2），「自分自身が成長できたような気がする」42.6%，「相手の立場に立つことのむずかしさを感じた」34.7%，「もっと周囲の理解と参加を得る必要性を感じた」28.7%となっており，参加する経験により自己の活動（行為）への問いかけあるいは社会的側面への問題提起等とも読み取れる内容であることが解る。

3）ボランティア活動に参加しない理由（LA=2）

先の表5−26においてボランティア活動に参加したことが「ない」と回答した者（N=203）に，その理由を投げ掛けてみると，表5−30に示すようになった（LA=2）。「時間的・経済的に余裕がなかったから」が78.8%で特別に高い比率を表わしている。この設問は「社会福祉への関心」（表5−19）と有意な関連が見られ（P＜0.001），図5−3に示すように，社会福祉への「無関心群」にボランティア活動に「関心がなかったから」と回答する比率が高くなっている。また，「活動方法がわからなかったから」においては「関心群」の方が比率が高い。な

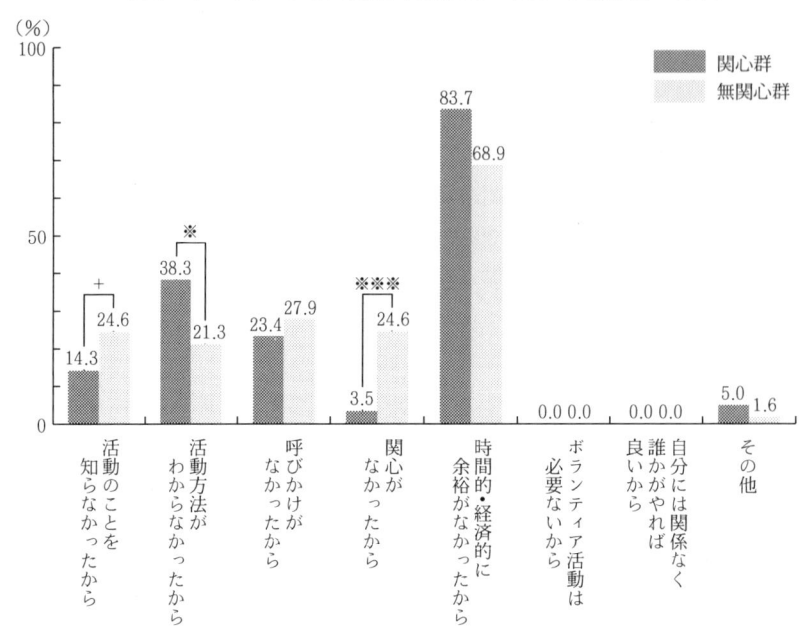

図5-3 ボランティア活動に参加しない理由×社会福祉への関心

項目	関心群	無関心群
活動のことを知らなかったから	14.3	24.6 (+)
活動方法がわからなかったから	38.3	21.3 (※)
呼びかけがなかったから	23.4	27.9
関心がなかったから	3.5	24.6 (※※※)
時間的・経済的に余裕がなかったから	83.7	68.9
ボランティア活動は必要ないから	0.0	0.0
自分には関係なく誰かがやれば良いから	0.0	0.0
その他	5.0	1.6

お有意な差ではないが,「時間的・経済的に余裕がなかったから」に「関心群」では83.7%と高い回答率になっており,社会福祉領域への関心はあるが日々の生活の中でボランティア活動を行うだけの余裕がない多面的な理由が推察される。また,「関心群」において有意に「活動方法がわからなかったから」と答えており,主体的意向,関心的意識を具体的な活動へと導く地域の戦略が必要とも考えられると同時にボランティア活動への参加率を増加させる予備的市民集団の存在を客観的に分析してみることを上記のデータは教えてくれていると思われる。

(4) ボランティア活動への参加希望の有無 (SA)

では,今後,ボランティア活動に参加を希望するかどうかについて投げ掛けてみると表5-31に示すようになった。全体では60.9%が「参加したいと思う」と答えているが,34.5%の者が「わからない」と選択しており,参加への意向を明確にしていないようである。「ボランティア活動への参加希望の有無」は「満年齢」や「居住年数」とに有意差は見られないが,「近所づきあい」(表5-17)と

第5章 地域福祉推進へのボランティア活動に関するプリコード調査報告

表5－8 ボランティア活動への参加希望の有無×社会福祉への関心

	強く関心を持っている		まあまあ関心をもっている		あまり関心は持っていない		まったく関心は持っていない		わからない	
① 参加したいと思う	26	81.3	137	66.8	20	34.5	0	0.0	1	25.0
② 参加したいと思わない	0	0.0	7	3.4	7	12.1	0	0.0	0	0.0
③ わからない	6	18.8	61	29.8	31	53.4	4	100.0	3	75.0

$\chi^2 = 39.257$　df = 8　P < 0.001

の間に差が出ており（P＜0.01），「日頃から助け合ったり相談したりする」者では66.7％が「参加したいと思う」，24.2％が「わからない」であるのに対し，「顔が合えば挨拶をする程度」の者では「わからない」が41.7％に達している。つまり，近所・近隣との交流の深さがボランティア活動への関心あるいは参加希望へと導かれるひとつの要因と推測されよう。ただし，繰返しになるが，「助け合ったり相談したり」すると回答してもボランティア活動への参加希望を「わからない」と答える比率が24.2％であることも事実である。次に，ボランティア活動への「参加希望の有無」は「社会福祉への関心」（表5－19）と有意な関連が見られ，表5－8に示すように，社会福祉に「関心を持っている」群に参加を希望する傾向が顕著に表出されている。これに対し，社会福祉に「関心を持っていない」群は「わからない」と回答する現象が見えてくる。ただし，「参加したいと思わない」といった拒否の態度ではなく，意向が明確化していない状況であり，地域におけるより積極的な啓発活動の必要性の如何によってはこの現象が変化することは否定できない。

1）参加希望の種類（MA）

先の設問でボランティア活動に「参加したい」と答えた者（N＝185）に，どのような活動に参加したいか，無制限複数回答形式で尋ねてみると表5－32に示すようになった。「子どもたちに対する活動」が56.2％でトップとなっている。以下，「障害を持っている人達を援助する活動」34.1％，「高齢者や障害者などの施設での活動」32.4％，「自然保護，環境美化に関する活動」29.7％，の順となっている。なお，「満年齢」「居住年数」等で有意差は出ていないが，全体表において「海外援助に関する活動」「災害に対する援助活動」に比率が特に低いことには危具が残る結果となっている。表5－30においてボランティア活動に参加しない理由（LA＝2）において「時間的・経済的に余裕がなかったから」が78.8％

と飛び抜けてその理由が高かったことを考慮に入れてみても，即座に支援活動に自己の生活サイクルを変換するとか，緊急状況への危機管理を意識化したボランティア活動等への視点は一般的に薄いといわざるをえない。

2）社会福祉協議会への期待（LA＝2）

ボランティア活動に参加するに際し，社会福祉協議会に何を望むか尋ねてみると，表5－34に示すようになった（LA＝2）。「今，地域の中で求められている活動を知らせること」49.2％，「ボランティア活動の種類や活動方法を示すこと」45.4％が飛び抜けて高い比率であることがわかる。この選択肢は情報提供を求めていると一面的には考えられるが，「活動を知らせること」あるいは「種類や活動方法を示すこと」とは本来活動やその状況・実状を知らないということであり，市民のボランティア活動への初歩的な視点からの社協への要求とも考えられよう。

10. 今後重要となる福祉問題（LA＝3）

「あなたは総社市において今後重要となる福祉問題は何だと思いますか。」という設問（LA＝3）の結果を表5－35に示している。全体では「介護を要する高齢者の福祉問題」52.1％がトップとなっており，高齢社会を意識した市民の発言であるといえよう。同時に，「学童保育」48.5％，「乳幼児の保育問題」41.0％

表5－9　今後重要となる福祉問題（LA＝3）×満年齢

		20〜29歳		30〜39歳		40〜49歳		50歳以上	
①	貧困・低所得者の福祉問題	12	20.3	13	7.5	7	13.2	3	15.8
②	介護を要する高齢者の福祉問題	20	33.9	97	56.1	32	60.4	10	52.6
③	高齢者の就労問題	6	10.2	19	11.0	7	13.2	8	42.1
④	高齢者の生きがい対策	7	11.9	23	13.3	17	32.1	6	31.6
⑤	一人親家庭の福祉問題	10	16.9	12	6.9	3	5.7	3	15.8
⑥	青少年の健全育成の問題	12	20.3	56	32.4	22	41.5	7	36.8
⑦	乳幼児の保育問題	40	67.8	69	39.9	16	30.2	0	0.0
⑧	学童保育の問題	25	42.4	98	56.6	20	37.7	4	21.1
⑨	知的障害児・者の福祉問題	4	6.8	24	13.9	3	5.7	2	10.5
⑩	身体障害児・者の福祉問題	4	6.8	18	10.4	2	3.8	2	10.5
⑪	保健・医療の問題	20	33.9	59	34.1	22	41.5	9	47.4
⑫	その他	0	0.0	2	1.2	0	0.0	0	0.0

$\chi^2 = 82.781$　$df = 33$　$P < 0.001$

が高くなっており，母親の立場の声として理解することができる。以下，比率の高い項目を述べると，「保健，医療の問題」36.1%，「青少年の健全育成の問題」32.1%，「高齢者の生きがい対策」17.4%の順となる。この設問は「居住年数」と有意差が出ており，居住年数が「5年未満」に「乳幼児の保育問題」を挙げる比率が高くなっている。このことは回答者の年齢とも関連があると推測されるが，表5-9に示すように，「居住年数」以上に有意な関連が表われている。つまり，「20～29歳」代においては「乳幼児の保育問題」に67.8%が選択しており，他の年代に比較して顕著な差といえる。また，加齢に伴って「介護を要する高齢者の福祉問題」に回答を寄せる傾向が見られる。また，「30～39歳」代に「学童保育の問題」を選択する比率が高く，小学生をもつ家庭の意見として読み取ることができよう。

表5-10　今後充実すべき高齢者福祉サービス（LA=3）×満年齢

		20～29歳		30～39歳		40～49歳		50歳以上	
①	老人ホームの建設	15	25.4	37	21.4	7	13.2	0	0.0
②	高齢者用住宅の建設	13	22.0	35	20.2	9	17.0	2	10.5
③	複合多目的機能の施設の建設	14	23.7	34	19.7	11	20.8	9	47.4
④	ホームヘルプサービス事業	16	27.1	60	34.7	15	28.3	4	21.1
⑤	デイサービス事業	5	8.5	22	12.7	6	11.3	4	21.1
⑥	入浴サービス事業	6	10.2	18	10.4	3	5.7	1	5.3
⑦	ショートステイ（短期入所）事業	3	5.1	37	21.4	13	24.5	3	15.8
⑧	独り暮らし高齢者への食事サービス	23	39.0	41	23.7	9	17.0	3	15.8
⑨	高齢者の就労の場の確保	10	16.9	26	15.0	11	20.8	3	15.8
⑩	介護等についての相談窓口	5	8.5	28	16.2	15	28.3	7	36.8
⑪	介護者手当ての支給	17	28.8	38	22.0	13	24.5	4	21.1
⑫	介護講習会の開催	2	3.4	5	2.9	3	5.7	3	15.8
⑬	在宅介護機器の展示・普及事業	2	3.4	6	3.5	3	5.7	0	0.0
⑭	訪問看護・訪問指導サービス	17	28.8	67	38.7	12	22.6	4	21.1
⑮	健康相談・診査などの保健サービス	9	15.3	16	9.2	10	18.9	7	36.8
⑯	ボランティア活動の推進	2	3.4	12	6.9	9	17.0	2	10.5
⑰	老人クラブ助成事業	1	1.7	7	4.0	2	3.8	1	5.3
⑱	その他	2	3.4	4	2.3	0	0.0	0	0.0

$\chi^2=77.204$　df=51　$P<0.01$

11. 今後充実すべき高齢者福祉サービス（LA=3）

次に，社会福祉領域をより具体的に高齢者福祉領域に限定して尋ねた結果が表5－36のようになる。今後充実すべきサービスとして比率の高い項目は「訪問看護・訪問指導サービス」32.8％,「ホームヘルプサービス事業」31.5％,「独り暮らし高齢者への食事サービス」24.9％等，在宅福祉サービスが上位を占めている。ただし，次に述べる児童福祉サービスや障害者福祉サービスのように高い比率を示す項目がないことも踏まえておかなければならない。なお，この設問は「満年齢」との間に有意差が見られ，表5－10のように「50歳以上」において47.4％を示した「複合多目的機能の施設の建設」が目を引く。40％を超えたのは表5－10においてこの項目だけであった。「50歳以上」では他の年代に比べ「介護等についての相談窓口」36.8％,「健康相談・診査などの保健サービス」36.8％においても高い比率を示していた。

12. 今後充実すべき児童福祉サービス（LA=3）

表5－37では児童福祉サービスについて尋ねている。先の「今後重要となる福祉問題」においても指摘したが，「学童保育の充実」49.2％が飛び抜けて高くなっていることが解る。調査対象者が母親であることに起因する結果ではあるが，明確にこの比率が高いという事実は市の児童福祉対策の一つの課題として重く受け止めなければならない。この設問は「居住年数」と有意差は見られないものの，表5－37で明らかのように，居住年数が「5～10年未満」で「学童保育の充実」に61.3％の者が選択しているのであった。「居住年数」と「満年齢」には有意性があったことから，年代によって学童保育のニーズも差異が見られると考えられるが，この点については表5－11に示すように，「30～39歳」代に学童保育の充実を求める現象が出ていることが解る。児童福祉サービスについて年代別比較による傾向を分析してみると，「20～29歳」では「不登校やいじめへの対策」が40.7％で高くなっている。また，「安心して遊べる場の充実」も高い比率である。これに比べ「30～39歳」になると学童保育の充実は勿論のこと，「延長保育・乳児保育等，保育対策の充実」に比率が高くなる傾向がある。「30～39歳」にサンプル数も多く，この年代の比率が最も信頼できるデータであり，上記に挙げたサービスについては市の福祉対策の課題であることを繰返し指摘しておく。

表5-11 今後充実すべき児童福祉サービス（LA＝3）×満年齢

		20〜29歳		30〜39歳		40〜49歳		50歳以上	
①	保育所や施設の建設	20	33.9	45	26.0	6	11.3	6	31.6
②	延長保育・乳児保育等，保育対策の充実	21	35.6	65	37.6	16	30.2	4	21.1
③	病児保育の実施	13	22.0	33	19.1	7	13.2	2	10.5
④	一時保育の実施	12	20.3	34	19.7	7	13.2	4	21.1
⑤	障害児の保育・療育	2	3.4	15	8.7	2	3.8	0	0.0
⑥	ボランティア活動の推進	0	0.0	0	0.0	3	5.7	0	0.0
⑦	子育て教室や講座の開催	4	6.8	8	4.6	4	7.5	2	10.5
⑧	子育てについての相談・助言	1	1.7	15	8.7	7	13.2	2	10.5
⑨	学童保育の充実	19	32.2	99	57.2	25	47.2	6	31.6
⑩	子ども会活動の活性化	1	1.7	6	3.5	2	3.8	3	15.8
⑪	安心して遊べる場の充実	23	39.0	50	28.9	23	43.4	6	31.6
⑫	子育てへの理解・協力等の啓発	4	6.8	10	5.8	5	9.4	1	5.3
⑬	養育費や医療費への経済的援助	19	32.2	53	30.6	15	28.3	4	21.1
⑭	非行防止対策	2	3.4	16	9.2	10	18.9	4	21.1
⑮	不登校やいじめへの対策	24	40.7	46	26.6	20	37.7	7	36.8
⑯	一人親家庭への援助	4	6.8	10	5.8	1	1.9	1	5.3
⑰	母子保健活動の充実	2	3.4	2	1.2	2	3.8	2	10.5
⑱	その他	0	0.0	1	0.6	2	3.8	0	0.0

$\chi^2=80.425$　df＝51　$P<0.01$

13. 今後充実すべき障害者福祉サービス（LA＝3）

障害者福祉サービスについては表5-38に示している。各選択肢に対して全体的に回答する傾向があり，10％前後の比率が多くなっているが，「就労の場の確保」が43.6％で特別に高い比率を示している。この設問は「満年齢」等の基本的属性とに有意性は見られず，表5-38の「居住年数」においても差異は出ていない。つまり，全体として「就労の場の確保」の比率が高く，市民の福祉対策の一つとしてこの点を主張するものと考えられる。また，「車椅子等でも利用できる環境の整備」も37.4％と高くなっていることを述べておく。

第4節　統計表

表5−12　【問2】あなたの満年齢をおうかがいします。

	5年未満		5〜10年未満		10〜20年未満		20年以上		合　計	
① 20〜29歳	22	32.8	9	14.5	3	5.6	25	20.7	59	19.4
② 30〜39歳	43	64.2	48	77.4	32	59.3	50	41.3	173	56.9
③ 40〜49歳	2	3.0	5	8.1	19	35.2	27	22.3	53	17.4
④ 50〜59歳	0	0.0	0	0.0	0	0.0	16	13.2	16	5.3
⑤ 60〜69歳	0	0.0	0	0.0	0	0.0	3	2.5	3	1.0
⑥ 70歳以上	0	0.0	0	0.0	0	0.0	0	0.0	0	0.0

$\chi^2 = 74.143$　df = 15　P < 0.001

表5−13　【問3】あなたの家の現在の家族構成についておうかがいします。

	5年未満		5〜10年未満		10〜20年未満		20年以上		合　計	
① 夫婦のみ	0	0.0	0	0.0	0	0.0	0	0.0	0	0.0
② 2世代	59	89.4	48	77.4	31	56.4	90	74.4	228	75.0
③ 3世代	5	7.6	13	21.0	22	40.0	29	24.0	69	22.7
④ 単身	0	0.0	0	0.0	0	0.0	0	0.0	0	0.0
⑤ その他	2	3.0	1	1.6	2	3.6	2	1.7	7	2.3

$\chi^2 = 19.423$　df = 12　n.s

表5−14　【問5】あなたの住居についておうかがいします。

	5年未満		5〜10年未満		10〜20年未満		20年以上		合　計	
① 持ち家	40	59.7	42	67.7	47	85.5	99	81.8	228	74.8
② 公営住宅	6	9.0	4	6.5	2	3.6	1	0.8	13	4.3
③ 借家	7	10.4	8	12.9	0	0.0	8	6.6	23	7.5
④ アパート	12	17.9	6	9.7	2	3.6	10	8.3	30	9.8
⑤ 社宅	1	1.5	1	1.6	2	3.6	2	1.7	6	2.0
⑥ その他	1	1.5	1	1.6	2	3.6	1	0.8	5	1.6

$\chi^2 = 28.737$　df = 15　P < 0.05

表5−15　【問7】あなたは今後も総社市に住み続けたいと思いますか。

	5年未満		5〜10年未満		10〜20年未満		20年以上		合　計	
① 住みたい	32	47.8	35	58.3	31	56.4	97	78.5	193	63.7
② 住みたくない	5	7.5	5	8.3	3	5.5	0	0.0	13	4.3
③ どちらともいえない	27	40.3	19	31.7	19	34.5	25	20.7	90	29.7
④ わからない	3	4.5	1	1.7	2	3.6	1	0.8	7	2.3

$\chi^2 = 26.215$　df = 9　P < 0.01

表5－16 【問8】あなたが今最も関心を寄せているのはどのような事がらですか。次の中から3つまで選んでください。

	5年未満		5～10年未満		10～20年未満		20年以上		合計	
① 仕事・職場のこと	43	64.2	27	43.5	24	43.5	48	39.7	142	46.6
② 健康のこと	24	35.8	24	38.7	33	60.0	68	56.2	149	48.9
③ 家族のこと	37	55.2	39	62.9	29	52.7	75	62.0	180	59.0
④ 子どもの教育のこと	44	65.7	40	64.5	37	67.3	74	61.2	195	63.9
⑤ 住宅のこと	13	19.4	14	22.6	7	12.7	14	11.6	48	15.7
⑥ 物価のこと	2	3.0	4	6.5	1	1.8	12	9.9	19	6.2
⑦ 隣近所とのつき合いのこと	6	9.0	1	1.6	0	0.0	4	3.3	11	3.6
⑧ 老後のこと	5	7.5	9	14.5	8	14.5	25	20.7	47	15.4
⑨ 趣味・教養・娯楽のこと	10	14.9	12	19.4	8	14.5	18	14.9	48	15.7
⑩ 政治・経済・社会のこと	3	4.5	2	3.2	2	3.6	6	5.0	13	4.3
⑪ 自然・社会の環境のこと	4	6.0	6	9.7	6	10.9	12	9.9	28	9.2
⑫ ボランティアなど地域の諸活動のこと	3	4.5	0	0.0	3	5.5	2	1.7	8	2.6
⑬ その他	1	1.5	0	0.0	0	0.0	0	0.0	1	0.3

$\chi^2=46.130$ df=36 n.s

表5－17 【問9】普段あなたは，どの程度の近所づきあいをしていますか。

	5年未満		5～10年未満		10～20年未満		20年以上		合計	
① 近所づきあいはしない	0	0.0	0	0.0	0	0.0	0	0.0	0	0.0
② 顔が合えば挨拶をする程度	35	52.2	26	41.9	27	49.1	57	47.1	145	47.5
③ 気軽に立ち話をする程度	21	31.3	26	41.9	25	45.5	44	36.4	116	38.0
④ 買い物に一緒に行ったり遊んだりする	5	7.5	3	4.8	0	0.0	3	2.5	11	3.6
⑤ 日頃から助け合ったり相談したりする	6	9.0	7	11.3	3	5.5	17	14.0	33	10.8

$\chi^2=10.966$ df=12 n.s

表5－18 【問10】あなたは市や地区で行われる一般の行事によく参加されるほうですか。

	5年未満		5～10年未満		10～20年未満		20年以上		合計	
① よく参加する	1	1.5	0	0.0	3	5.5	4	3.3	8	2.6
② まあまあ参加する	24	35.8	21	33.9	22	40.0	57	47.5	124	40.8
③ 余り参加しない	32	47.8	39	62.9	25	45.5	49	40.8	145	47.7
④ 全く参加しない	10	14.9	2	3.2	5	9.1	10	8.3	27	8.9

$\chi^2=15.599$ df=9 n.s

表5－19 【問11】あなたは社会福祉について関心をお持ちですか。最も近いものをひとつだけ選んで下さい。

	5年未満		5～10年未満		10～20年未満		20年以上		合計	
① 強く関心を持っている	7	10.6	5	8.1	8	14.5	12	9.9	32	10.5
② まあまあ関心を持っている	44	66.7	38	61.3	42	76.4	81	66.9	205	67.4
③ あまり関心は持っていない	14	21.2	19	30.6	5	9.1	21	17.4	59	19.4
④ まったく関心は持っていない	0	0.0	0	0.0	0	0.0	4	3.3	4	1.3
⑤ わからない	1	1.5	0	0.0	0	0.0	3	2.5	4	1.3

$\chi^2 = 18.529$　df＝12　n.s

表5－20 【問11－1】1，2に〇をした方にうかがいます。それはなぜですか。ひとつだけ選んで下さい。

	5年未満		5～10年未満		10～20年未満		20年以上		合計	
① 自分自身が福祉のサービスや制度を利用しているから	3	5.8	2	4.7	0	0.0	3	3.2	8	3.4
② 身近に高齢者や障害者がいるから	10	19.2	7	16.3	9	18.4	20	21.5	46	19.4
③ いずれ自分の問題になるかもしれないから	11	21.2	21	48.8	16	32.7	30	32.3	78	32.9
④ 福祉関係の職業や活動をしているから	11	21.2	3	7.0	7	14.3	18	19.4	39	16.5
⑤ 社会的に考えて重要な問題だから	14	26.9	10	23.3	16	32.7	21	22.6	61	25.7
⑥ その他	3	5.8	0	0.0	1	2.0	1	1.1	5	2.1

$\chi^2 = 18.460$　df＝15　n.s

表5－21 【問11－2】3，4に〇をした方にうかがいます。それはなぜですか。ひとつだけ選んで下さい。

	5年未満		5～10年未満		10～20年未満		20年以上		合計	
① 身近に福祉に関係する人がいないから	5	35.7	6	31.6	1	20.0	6	24.0	18	28.6
② 自分は福祉と関係ないから	0	0.0	0	0.0	0	0.0	0	0.0	0	0.0
③ 福祉の事は良く知らないから	3	21.4	3	15.8	1	20.0	12	48.0	19	30.2
④ 福祉の事を日ごろ考える事がないから	5	35.7	10	52.6	3	60.0	7	28.0	25	39.7
⑤ その他	1	7.1	0	0.0	0	0.0	0	0.0	1	1.6

$\chi^2 = 10.824$　df＝12　n.s

表5－22 【問12】あなたはボランティア活動に関心がありますか。

	5年未満		5～10年未満		10～20年未満		20年以上		合計	
① 非常に関心がある	1	1.5	1	1.6	2	3.6	2	1.7	6	2.0
② 関心がある	40	59.7	21	33.9	37	67.3	70	57.9	168	55.1
③ 余り関心がない	18	26.9	28	45.2	14	25.5	40	33.1	100	32.8
④ 関心がない	1	1.5	4	6.5	0	0.0	4	3.3	9	3.0
⑤ わからない	7	10.4	8	12.9	2	3.6	5	4.1	22	7.2

$\chi^2 = 23.504$　df＝12　$P < 0.05$

表5-23 【問13】あなたはボランティア活動の輪を広げることが必要だと思いますか。

		5年未満		5～10年未満		10～20年未満		20年以上		合　計	
①	必要	51	76.1	43	69.4	45	81.8	79	66.4	218	71.9
②	必要なし	0	0.0	2	3.2	2	3.6	7	5.9	11	3.6
③	わからない	16	23.9	17	27.4	8	14.5	33	27.7	74	24.4

$\chi^2=8.565 \quad df=6 \quad n.s$

表5-24 【問13-1】1に○をした方にうかがいます。それはなぜですか。2つまで選んで下さい。

		5年未満		5～10年未満		10～20年未満		20年以上		合　計	
①	福祉の充実は行政だけにはまかせられないから	14	27.5	11	25.6	9	20.0	20	25.3	54	24.8
②	行政ではきめ細かいサービスはできないから	26	51.0	18	41.9	20	44.4	30	38.0	94	43.1
③	社会をよくすることはみんなが進んでやるべきだから	20	39.2	18	41.9	22	48.9	51	64.6	111	50.9
④	多くの住民に福祉のことを考えるきっかけを作るから	9	17.6	18	41.9	16	35.6	26	32.9	69	31.7
⑤	ボランティア活動で行政に働きかけることが必要だから	15	29.4	9	20.9	9	20.0	12	15.2	45	20.6
⑥	その他	4	7.8	2	4.7	3	6.7	3	3.8	12	5.5
⑦	わからない	0	0.0	0	0.0	1	2.2	1	1.3	2	0.9

$\chi^2=17.616 \quad df=18 \quad n.s$

表5-25 【問13-2】2に○をした方にうかがいます。それはなぜですか。2つまで選んで下さい。

		5年未満		5～10年未満		10～20年未満		20年以上		合　計	
①	ボランティア活動そのものの必要性が認められないから	0	0.0	0	0.0	0	0.0	1	14.3	1	9.1
②	行政がすべて行うべきであるから	0	0.0	0	0.0	0	0.0	3	42.9	3	27.3
③	行政がボランティア活動に頼ってしまうから	0	0.0	1	50.0	1	50.0	2	28.6	4	36.4
④	本来自発的なものであり、やりたい人がやればよいから	0	0.0	1	50.0	2	100.0	2	28.6	5	45.5
⑤	活動により対象者（利用者）が努力しなくなるから	0	0.0	2	100.0	0	0.0	3	42.9	5	45.5
⑥	その他	0	0.0	0	0.0	0	0.0	2	28.6	2	18.2
⑦	わからない	0	0.0	0	0.0	0	0.0	0	0.0	0	0.0

$\chi^2=8.019 \quad df=18 \quad n.s$

表5-26 【問14】あなたはボランティア活動に参加したことがありますか。

		5年未満		5～10年未満		10～20年未満		20年以上		合　計	
①	ある	22	32.8	17	27.4	18	33.3	44	36.4	101	33.2
②	ない	45	67.2	45	72.6	36	66.7	77	63.6	203	66.8

$\chi^2=1.484 \quad df=3 \quad n.s$

表5-27 【問14-1】1に○をした方にうかがいます。ボランティア活動に参加した動機は何ですか。ひとつだけ選んで下さい。

		5年未満		5～10年未満		10～20年未満		20年以上		合	計
①	身近に障害を持った人がいたから	1	5.0	1	7.1	2	13.3	1	2.6	5	5.7
②	高齢者問題を切実に思ったから	0	0.0	0	0.0	0	0.0	1	2.6	1	1.1
③	時間的に余裕があったから	4	20.0	0	0.0	1	6.7	0	0.0	5	5.7
④	知人や友人に誘われたから	2	10.0	4	28.6	0	0.0	12	30.8	18	20.5
⑤	新聞テレビの報道で関心を持ったから	0	0.0	0	0.0	1	6.7	1	2.6	2	2.3
⑥	人間としてあたり前のことだと思ったから	2	10.0	1	7.1	3	20.0	2	5.1	8	9.1
⑦	社会福祉協議会などの呼びかけがあったから	0	0.0	0	0.0	0	0.0	4	10.3	4	4.5
⑧	地域行事の関係から	2	10.0	3	21.4	3	20.0	10	25.6	18	20.5
⑨	職場の社会奉仕の関係から	4	20.0	3	21.4	3	20.0	6	15.4	16	18.2
⑩	その他	5	25.0	2	14.3	2	13.3	2	5.1	11	12.5

$\chi^2 = 36.351$ df = 27 n.s

表5-28 【問14-2】1に○をした方にうかがいます。あなたがかかわった主なボランティア活動は何ですか。ひとつだけ選んで下さい。

		5年未満		5～10年未満		10～20年未満		20年以上		合	計
①	高齢者や障害者などの施設での活動	8	50.0	4	23.5	3	20.0	4	11.1	19	22.6
②	寝たきりや独り暮らし高齢者への活動	0	0.0	0	0.0	0	0.0	3	8.3	3	3.6
③	障害を持っている人達を援助する活動	0	0.0	5	29.4	2	13.3	6	16.7	13	15.5
④	子どもたちに対する活動	2	12.5	2	11.8	3	20.0	7	19.4	14	16.7
⑤	地域文化に関する活動	1	6.3	1	5.9	2	13.3	6	16.7	10	11.9
⑥	自然保護・環境美化に関する活動	4	25.0	3	17.6	3	20.0	10	27.8	20	23.8
⑦	海外援助に関する活動	0	0.0	0	0.0	1	6.7	0	0.0	1	1.2
⑧	災害に対する援助活動	1	6.3	2	11.8	1	6.7	0	0.0	4	4.8
⑨	その他	0	0.0	0	0.0	0	0.0	0	0.0	0	0.0

$\chi^2 = 27.351$ df = 24 n.s

第5章 地域福祉推進へのボランティア活動に関するプリコード調査報告　*129*

表5－29　【問14－3】1に○をした方にうかがいます。あなたはボランティア活動に参加してどんな感想を持ちましたか。2つまで選んで下さい。

		5年未満		5～10年未満		10～20年未満		20年以上		合	計
①	自分自身が成長できたような気がする	6	27.3	5	29.4	8	44.4	24	54.5	43	42.6
②	もっと相手の人に感謝してほしかった	0	0.0	0	0.0	0	0.0	0	0.0	0	0.0
③	社会のことがよく理解できるようになった	1	4.5	4	23.5	1	5.6	7	15.9	13	12.9
④	あまり自分にとって意味のない活動だった	0	0.0	1	5.9	2	11.1	0	0.0	3	3.0
⑤	相手に喜んでもらえて満足した	3	13.6	3	17.6	4	22.2	13	29.5	23	22.8
⑥	行事として参加したので関心がなかった	1	4.5	1	5.9	2	11.1	2	4.5	6	5.9
⑦	もっと周囲の理解と参加を得る必要性を感じた	7	31.8	3	17.6	7	38.9	12	27.3	29	28.7
⑧	相手の人がかわいそうで同情した	2	9.1	0	0.0	0	0.0	0	0.0	2	2.0
⑨	相手の立場に立つことのむずかしさを感じた	11	50.0	6	35.3	5	27.8	13	29.5	35	34.7
⑩	その他	2	9.1	3	17.6	0	0.0	5	11.4	10	9.9

$\chi^2=30.551$　df$=27$　n.s

表5－30　【問14－4】2に○をした方にうかがいます。あなたがこれまでボランティア活動に参加しなかった主な理由は何ですか。2つまで選んで下さい。

		5年未満		5～10年未満		10～20年未満		20年以上		合	計
①	活動のことを知らなかった	11	24.4	7	15.6	5	13.9	12	15.6	35	17.2
②	活動方法がわからなかったから	18	40.0	13	28.9	10	27.8	26	33.8	67	33.0
③	呼びかけがなかったから	11	24.4	11	24.4	7	19.4	21	27.3	50	24.6
④	関心がなかったから	2	4.4	6	13.3	3	8.3	9	11.7	20	9.9
⑤	時間的・経済的に余裕がなかったから	34	75.6	38	84.4	32	88.9	56	72.7	160	78.8
⑥	ボランティア活動は必要ないから	0	0.0	0	0.0	0	0.0	0	0.0	0	0.0
⑦	自分には関係なく誰かがやれば良いから	0	0.0	0	0.0	0	0.0	0	0.0	0	0.0
⑧	その他	2	4.4	1	2.2	3	8.3	2	2.6	8	3.9

$\chi^2=9.148$　df$=21$　n.s

表5－31　【問15】あなたは今後ボランティア活動に参加したいと思いますか。

		5年未満		5～10年未満		10～20年未満		20年以上		合	計
①	参加したいと思う	42	63.6	31	50.0	36	65.5	76	62.8	185	60.9
②	参加したいと思わない	4	6.1	3	4.8	1	1.8	6	5.0	14	4.6
③	わからない	20	30.3	28	45.2	18	32.7	39	32.2	105	34.5

$\chi^2=5.430$　df$=6$　n.s

表5−32 【問15−1】1に○をした方にうかがいます。あなたはどのようなボランティア活動に参加したいと思いますか。次の中からいくつでも選んで下さい。

		5年未満		5〜10年未満		10〜20年未満		20年以上		合 計	
①	高齢者や障害者などの施設での活動	14	33.3	6	19.4	18	50.0	22	28.9	60	32.4
②	寝たきりや独り暮らし高齢者への活動	11	26.2	7	22.6	9	25.0	23	30.3	50	27.0
③	障害を持っている人達を援助する活動	13	31.0	8	25.8	16	44.4	26	34.2	63	34.1
④	子どもたちに対する活動	26	61.9	18	58.1	21	58.3	39	51.3	104	56.2
⑤	地域文化に関する活動	5	11.9	3	9.7	10	27.8	18	23.7	36	19.5
⑥	自然保護・環境美化に関する活動	9	21.4	7	22.6	12	33.3	27	35.5	55	29.7
⑦	海外援助に関する活動	4	9.5	1	3.2	5	13.9	2	2.6	12	6.5
⑧	災害に対する援助活動	11	26.2	7	22.6	6	16.7	12	15.8	36	19.5
⑨	その他	0	0.0	1	3.2	0	0.0	1	1.3	2	1.1

$\chi^2=20.440$ df=24 n.s

表5−33 【問15−2】1に○をした方にうかがいます。あなたはどのような方法でボランティア活動に参加したいと思いますか。

		5年未満		5〜10年未満		10〜20年未満		20年以上		合 計	
①	個人で	7	22.6	4	15.4	8	28.6	7	10.9	26	17.4
②	グループで	21	67.7	18	69.2	19	67.9	53	82.8	111	74.5
③	その他	3	9.7	4	15.4	1	3.6	4	6.3	12	8.1

$\chi^2=7.911$ df=6 n.s

表5−34 【問15−3】1に○をした方にうかがいます。あなたはボランティア活動を広めるために社会福祉協議会に何を望みますか。次の中から2つまで選んで下さい。

		5年未満		5〜10年未満		10〜20年未満		20年以上		合 計	
①	ボランティア活動の専門の窓口を作ること	10	23.8	6	19.4	7	19.4	9	11.8	32	17.3
②	ボランティア活動についての相談に乗ってくれること	3	7.1	1	3.2	2	5.6	10	13.2	16	8.6
③	今、地域の中で求められている活動を知らせること	17	40.5	15	48.4	15	41.7	44	57.9	91	49.2
④	ボランティア活動の種類や活動方法を示すこと	15	35.7	15	48.4	16	44.4	38	50.0	84	45.4
⑤	ボランティア活動についての学習会を開催すること	5	11.9	2	6.5	3	8.3	7	9.2	17	9.2
⑥	住民やボランティアが集まれる場を作ること	7	16.7	9	29.0	5	13.9	18	23.7	39	21.1
⑦	活動に対する助成をすること	4	9.5	0	0.0	6	16.7	5	6.6	15	8.1
⑧	その他	0	0.0	0	0.0	0	0.0	0	0.0	0	0.0
⑨	わからない	1	2.4	0	0.0	1	2.8	0	0.0	2	1.1

$\chi^2=20.407$ df=24 n.s

表5-35 【問16】あなたは総社市において今後重要となる福祉問題は何だと思いますか。次の中から3つまで選んで下さい。

		5年未満		5～10年未満		10～20年未満		20年以上		合	計
①	貧困・低所得者の福祉問題	8	11.9	8	12.9	4	7.3	15	12.4	35	11.5
②	介護を要する高齢者の福祉問題	34	50.7	34	54.8	33	60.0	58	47.9	159	52.1
③	高齢者の就労問題	3	4.5	9	14.5	7	12.7	21	17.4	40	13.1
④	高齢者の生きがい対策	7	10.4	9	14.5	8	14.5	29	24.0	53	17.4
⑤	一人親家庭の福祉問題	4	6.0	4	6.5	3	5.5	17	14.0	28	9.2
⑥	青少年の健全育成の問題	16	23.9	17	27.4	19	34.5	46	38.0	98	32.1
⑦	乳幼児の保育問題	43	64.2	20	32.3	16	29.1	46	38.0	125	41.0
⑧	学童保育の問題	36	53.7	42	67.7	22	40.0	48	39.7	148	48.5
⑨	知的障害児・者の福祉問題	6	9.0	7	11.3	8	14.5	12	9.9	33	10.8
⑩	身体障害児・者の福祉問題	4	6.0	6	9.7	8	14.5	9	7.4	27	8.9
⑪	保健・医療の問題	24	35.8	23	37.1	25	45.5	38	31.4	110	36.1
⑫	その他	1	1.5	1	1.6	0	0.0	0	0.0	2	0.7

$\chi^2=50.405$　df=33　P<0.05

表5-36 【問17】あなたは総社市の高齢者福祉について今後何を充実させたら良いと思いますか。次の中から3つまで選んで下さい。

		5年未満		5～10年未満		10～20年未満		20年以上		合　計	
①	老人ホームの建設	15	22.4	12	19.4	12	21.8	20	16.5	59	19.3
②	高齢者用住宅の建設	13	19.4	12	19.4	7	12.7	27	22.3	59	19.3
③	複合多目的機能の施設の建設	13	19.4	14	22.6	8	14.5	33	27.3	68	22.3
④	ホームヘルプサービス事業	21	31.3	20	32.3	22	40.0	33	27.3	96	31.5
⑤	デイサービス事業	8	11.9	9	14.5	9	16.4	12	9.9	38	12.5
⑥	入浴サービス事業	6	9.0	5	8.1	6	10.9	11	9.1	28	9.2
⑦	ショートステイ（短期入所）事業	9	13.4	10	16.1	15	27.3	22	18.2	56	18.4
⑧	独り暮らし高齢者への食事サービス	19	28.4	20	32.3	10	18.2	27	22.3	76	24.9
⑨	高齢者の就労の場の確保	10	14.9	10	16.1	5	9.1	25	20.7	50	16.4
⑩	介護等についての相談窓口	9	13.4	8	12.9	14	25.5	25	20.7	56	18.4
⑪	介護者手当ての支給	15	22.4	22	35.5	6	10.9	29	24.0	72	23.6
⑫	介護講習会の開催	2	3.0	2	3.2	1	1.8	8	6.6	13	4.3
⑬	在宅介護機器の展示・普及事業	2	3.0	4	6.5	1	1.8	4	3.3	11	3.6
⑭	訪問看護・訪問指導サービス	26	38.8	16	25.8	23	41.8	35	28.9	100	32.8
⑮	健康相談・診査などの保健サービス	9	13.4	9	14.5	6	10.9	18	14.9	42	13.8
⑯	ボランティア活動の推進	3	4.5	4	6.5	7	12.7	11	9.1	25	8.2
⑰	老人クラブ助成事業	2	3.0	2	3.2	1	1.8	6	5.0	11	3.6
⑱	その他	3	4.5	1	1.6	1	1.8	1	0.8	6	2.0

$\chi^2=46.244$　df$=51$　n.s

表5-37 【問18】あなたは総社市の児童福祉について今後何を充実させたら良いと思いますか。次の中から3つまで選んで下さい。

		5年未満		5～10年未満		10～20年未満		20年以上		合計	
①	保育所や施設の建設	22	32.8	14	22.6	12	21.8	30	24.8	78	25.6
②	延長保育・乳児保育等,保育対策の充実	29	43.3	19	30.6	21	38.2	37	30.6	106	34.8
③	病児保育の実施	15	22.4	11	17.7	13	23.6	16	13.2	55	18.0
④	一時保育の実施	14	20.9	11	17.7	6	10.9	26	21.5	57	18.7
⑤	障害児の保育・療育	1	1.5	5	8.1	7	12.7	6	5.0	19	6.2
⑥	ボランティア活動の推進	0	0.0	0	0.0	2	3.6	1	0.8	3	1.0
⑦	子育て教室や講座の開催	5	7.5	1	1.6	3	5.5	9	7.4	18	5.9
⑧	子育てについての相談・助言	4	6.0	2	3.2	6	10.9	13	10.7	25	8.2
⑨	学童保育の充実	30	44.8	38	61.3	27	49.1	55	45.5	150	49.2
⑩	子ども会活動の活性化	1	1.5	1	1.6	3	5.5	8	6.6	13	4.3
⑪	安心して遊べる場の充実	19	28.4	23	37.1	18	32.7	42	34.7	102	33.4
⑫	子育てへの理解・協力等の啓発	5	7.5	4	6.5	2	3.6	9	7.4	20	6.6
⑬	養育費や医療費への経済的援助	28	41.8	18	29.0	12	21.8	33	27.3	91	29.8
⑭	非行防止対策	4	6.0	9	14.5	7	12.7	12	9.9	32	10.5
⑮	不登校やいじめへの対策	17	25.4	23	37.1	18	32.7	39	32.2	97	31.8
⑯	一人親家庭への援助	5	7.5	2	3.2	2	3.6	7	5.8	16	5.2
⑰	母子保健活動の充実	1	1.5	1	1.6	0	0.0	6	5.0	8	2.6
⑱	その他	0	0.0	0	0.0	2	3.6	1	0.8	3	1.0

$\chi^2 = 56.341$ df $= 51$ n.s

表5-38 【問19】あなたは総社市の障害者福祉について今後何を充実させたら良いと思いますか。次の中から3つまで選んでください。

		5年未満		5～10年未満		10～20年未満		20年以上		合計	
①	入所型施設の建設	11	16.4	10	16.1	9	16.4	16	13.2	46	15.1
②	通所型施設の建設	12	17.9	8	12.9	10	18.2	25	20.7	55	18.0
③	作業所の建設	6	9.0	15	24.2	13	23.6	23	19.0	57	18.7
④	障害者住宅の建設	13	19.4	9	14.5	9	16.4	14	11.6	45	14.8
⑤	就労の場の確保	23	34.3	30	48.4	24	43.6	56	46.3	133	43.6
⑥	ホームヘルプサービス事業	11	16.4	6	9.7	6	10.9	13	10.7	36	11.8
⑦	ショートステイ（短期入所）事業	5	7.5	5	8.1	4	7.3	9	7.4	23	7.5
⑧	デイサービス事業	7	10.4	5	8.1	2	3.6	7	5.8	21	6.9
⑨	健康相談・訓練等の保健サービス	2	3.0	4	6.5	2	3.6	9	7.4	17	5.6
⑩	福祉サービスに関する相談体制及び情報処理収集事業	5	7.5	4	6.5	8	14.5	11	9.1	28	9.2
⑪	車椅子等でも利用できる環境の整備	31	46.3	27	43.5	14	25.5	42	34.7	114	37.4
⑫	障害者スポーツ・レクリエーション文化活動の振興	6	9.0	11	17.7	5	9.1	20	16.5	42	13.8
⑬	介護者手当ての支給	10	14.9	7	11.3	2	3.6	24	19.8	43	14.1
⑭	福祉機器や日常生活用具の支給・貸し出し	9	13.4	7	11.3	8	14.5	17	14.0	41	13.4
⑮	ボランティア活動の推進	1	1.5	4	6.5	5	9.1	9	7.4	19	6.2
⑯	手話や点字・介助法等の講習会開催	12	17.9	5	8.1	7	12.7	13	10.7	37	12.1
⑰	市民の正しい理解促進	12	17.9	13	21.0	13	23.6	33	27.3	71	23.3
⑱	その他	1	1.5	1	1.6	0	0.0	1	0.8	3	1.0

$\chi^2=43.621$　df=51　n.s

第5節　結　語

　総社市「平成10年度『市民の声』アンケート調査票」の問3に「あなたは，総社市が将来どんなまちになることが望ましいと思われますか。一つ選んでください。」という設問がある。結果から述べると，「社会的に弱い立場の人を大切にするなど，福祉施設や制度が充実したまち（福祉都市）」という選択肢が40.5％で飛び抜けて高い比率を示した。前回（平成9年度）の調査結果は制限複数回答形式（LA＝2）であり，29.8％であったことを考慮に入れても，今回（平成10年度）の結果は著しく高い比率であることがわかる。まさに市の福祉対策の強化を市民が訴えているといっても過言ではない。同調査の問5では「少子高齢化社会に対応するため，どのようなことに力を入れるべきだと思われますか。2つ選んでください」と市民に投げ掛けられているが，「緊急時の医療対策」19.6％，「寝たきりにならないための予防対策」16.3％，「健康を増進するための公共施設の整備」12.9％，「延長保育や学童保育など子育て支援の充実」11.8％の順となっている。なお，本調査研究では，母親を対象としたサンプル抽出のため，「第3節　分析」の部分で繰返して記すように，「学童保育」対策に関する項目が目を引く結果となっている。

　総社市の上記の調査（平成10年度）において，「あなたが，日常生活で不便，不満に思うことはどんなことでしょうか。2つ選んでください。」（問4）という設問に対して「地域での協力意識」（7.3％）が5位に入っている。平成9年度は5.3％であったことから幾分その比率も高くなっている。「地域での協力意識」は，今回の本調査の主要な調査課題でもある「ボランティア活動」の多面的な設問と関連するものであり，本調査の主体者としては，今後，その選択肢がどのような現象，要因によって変動するのか注意しておかなければならないと考えている。よって以下では，本調査の結果から強調しておかなければならないボランティア活動関連の事象あるいはデータの傾向性，課題を述べておく。

　まず，「社会福祉への関心」の有無の設問で，「無関心群」において「福祉の事を日ごろ考える事がないから」（39.7％），「福祉の事は良く知らないから」（30.2％），「身近に福祉に関係する人がいないから」（28.6％）という回答が多くなっている。次に，「ボランティア活動への関心」の有無についてであるが，「無関心群」

が43.0%に達していた。社会福祉への「無関心群」が22.0%であったことから，上記の比率は2倍近くに膨れ上がっていることになる。特に「20〜29歳」代，「30〜39歳」代に関心がないと答える傾向が出ている。また，「ボランティア活動への参加経験の有無」では66.8%が「ない」と回答している。「20〜29歳」で74.6%，「30〜39歳」で72.7%が「ない」と回答している。ボランティア活動に参加したことのない背景には「時間的・経済的に余裕がなかったから」が78.8%と高い比率を示している。特に，社会福祉という領域に関心がある層に「時間的・経済的に余裕がなかったから」と答える者が83.7%に達しており，ボランティア活動を行いたくても経験出来ない日常生活での多面的理由が推測される。同時に，関心があるという肯定的視点に立てば，いかに地域においてボランティア活動に参加してもらうかという地域戦略の構築が必要になってこよう。このことは，例えば近所・近隣との交流の深さがボランティア活動への関心あるいは参加希望へと導かれるひとつの要因となっているという現象を考慮に入れてもわかるように，ボランティア活動と限定しなくても良いような地域交流活動が，自己の主体的活動へと繋がり，結果的には社会福祉領域あるいは地域に目を向けた自主的社会的視点への活動へと移行していくことが考えられるのである。

　最後に，今回の調査に限った結果ではあるが，社会福祉に「関心を持っていない」人々が今後ボランティア活動に参加することに対して「参加したいと思わない」という拒否的回答を表出する比率は10.6%に止まっており，社会福祉に「あまり関心は持っていない」人の53.4%がボランティア活動への参加に「わからない」と答えており，また「まったく関心は持っていない」人では100.0%が「わからない」と回答しているのであった。つまり，ボランティア活動に対して拒否的あるいは拒絶的態度を示すのではなく，意向の明確化ができていないという現象が読み取れるのである。その意味では，「ボランティア活動」という表示を全面的形骸的に掲げた住民へのアプローチというよりも，日々の小地域活動，あるいは交流活動の中から，「総社市の「市民の声」アンケート調査」の選択肢の中にも設定してあった「地域での協力意識」の形成活動を草の根的に日々積み重ねていくことの重要性が今回の調査結果からも指摘できるのである。

注）
1）高萩盾男「地域福祉調査法」『地域福祉事典』中央法規出版，1997年, p.212
2）同上書, p.212
3）同上書, p.212
4）総社の地は，古代吉備文化発祥の地として栄え，史跡，古墳などの文化財が数多い。市名の「総社」は，備中国の社324社を合祀した総社宮が置かれたことに由来している。県下三大河川の一つである高梁川は，市を東西に二分して南流し，田園都市として栄えてきたが，39年には県南新産業都市に指定され，水島臨海工業地帯の後背地として，製造業を中心に企業が進出し，内陸工業地帯として発展している。(『山陽年鑑1999年版』山陽新聞社，1998年, p.255)，人口は1999年2月1日現在56,929人，世帯数18,276である。
5）なお，本調査の調査項目は地方自治体，社協等で実施されている一般的なものであり，特別の固有性は見られないが，本調査を実施する段階では「ボランティア活動」に関する調査は総社市あるいは総社市社協の単位主体で実施された調査データは存在しなかった。その意味では総社市という一つの地域における基礎資料の先駆けとして着目する価値はあると同時に，実施されていないということが，本調査を展開する意図的行為となった。
6）家族とは「父親」「母親」とは別に「祖父」「祖母」「独身男性」「独身女性」「その他」を指している。これらの区分による調査結果は『草の根福祉』第28号，1998年に「地域福祉推進への福祉意識・ニーズ分析に関するプリコード調査報告」として発表した。なお，調査対象者は総社市在住の満20歳以上の市民と定義づけを行っている。
7）本調査の結果概要は，『平成9年度特別研究報告書』岡山県立大学・岡山県立大学短期大学部，1998年, pp.190—192にまとめている。
8）調査票の作成にあたっては，下記の文献を参考とした。
『地域福祉に関する意識調査報告書』一宮町社会福祉協議会，一宮町民生委員協議会，1989年
『地域福祉に関するアンケート調査報告書』北海道社会福祉協議会，1991年
『市民の社会参加活動に関する意識調査』神戸市民生局，神戸市市民福祉調査委員会，1991年
『在宅福祉に関するアンケート調査』中野区企画部公聴課，1988年
『狛江市民の福祉意識―狛江市民・中高校生福祉意識調査報告―』狛江市社会福祉協議会，1989年
『ボランティア活動に対する県民の意識調査報告書』長野県社会福祉協議会・長野県ボランティア活動振興センター，1984年
『市民福祉意識調査報告書』今治市社会福祉協議会，1988年

9）表5-12～38の統計表は「居住年数」別の集計表である。
10）図5-1～図5-3において，＋P＜0.1　※P＜0.05　※※P＜0.01　※※※P＜0.001

第6章 育児期の母親の就業状況と家庭生活の内実に関する調査

第1節 調査の目的

　総務庁統計局「労働力調査特別調査」(1992年2月)によると、「夫婦と子どもから成る世帯」の妻の就業率は53.0%であるのに対し、「夫婦、子どもと親から成る世帯」の妻の就業率は69.0%となっており、親と同居している世帯の場合、妻である母親の就業率が16.0%高くなっている。これを末子の年齢別によると、いずれの年齢層でも親と同居している世帯の方が就業率が高く、特に末子の年齢が低くなるに従ってその差は大きくなる傾向にある。[1] つまり、「夫婦と子どもから成る世帯」では親と同居する世帯に比較して妻である母親の就業率が低くおさえられ、末子の年齢が乳幼児期にその差が顕著になるわけである。こうした傾向は、育児期の母親の就業のむずかしさを示す現代社会の構造的現象であり、同時に核家族化がその比率を低下させている一つの要因であることを示唆している。いずれにしても、末子が「0～3歳」で「夫婦と子どもから成る世帯」の場合、25.1%の母親が、また「夫婦、子どもと親から成る世帯」の場合、45.3%の母親が就業に携わっており、その生活は育児・家事と仕事を両立させる中で、多くの犠牲や負担を潜在化させているといわざるをえない。

　本調査は、こうした乳幼児を育てながら働く母親の生活状況に視点をあて、母親がどのようなことに悩みあるいは不満を抱いているか、その内容を分析することを目的としている。[2] 特に、悩み・不満と関連する要因内容を抽出する中から、育児期の母親の生活実態を整理し、内在化している母親の生活上の悩み・不満をその要因とともに表出化することを試みる。なお、本調査研究は、地方中都市及び周辺地域での実施のかたちを取っており、データを普遍化することはできない。ただし、育児期の母親の就業と家庭生活に関する内実を整理する上での問題提起として取り上げることに意味があると考えられる。

第2節　調査方法

1．調査対象

本調査は，広島県呉市，竹原市，豊田郡川尻町，安浦町，安芸津町で実施している。調査対象は，各市町内の保育所に子どもを通わせている保護者（母親）であり，今回は市街地区，住宅地区，農村地区を考慮して，保育所13カ所を抽出した。調査時の対象数は817，有効回収数613，有効回収率は75.0％であった。なお，本調査は就労している母親を対象としているため，有効回収の中から不就労票を削除している。よって，実質のサンプル数は498である。

2．調査方法

調査の方法は，保母を通して質問紙を担当クラスの保護者に渡し，母親が自宅で回答し，それを所定の封筒に入れて封をし，10日以内に保育所に渡す形式を取った。

調査時期は，1992年5月1日〜6月1日である。

第3節　調査結果の分析

1．基本的事項

(1) 回答者の年齢

回答者の年齢は，表6-13に示しているように，「25歳未満」2.6％，「25〜29歳」17.7％，「30〜34歳」47.2％，「35〜39歳」25.3％，「40歳以上」6.8％となっている。

(2) 家族構成

家族構成は，表6-14に示している。「父・母・子」が65.3％で最も多い。〈核家族〉〈拡大家族〉に区分すると，〈核家族〉69.3％，〈拡大家族〉30.7％になる。「父親の有無」の視点から区分してみると，父親のいない家庭は6.2％である。「母・子」の家庭は3.8％（19名）となっている。

(3) 子どもの年齢

子どもの年齢を尋ねてみると，表6-15のようになった。5歳が38.4％で最も多い。平均では4.25歳，SD1.13である。

(4) 子どもの数

子どもの数は，表6-16に示しているように，2人が52.4%を占めている。平均では2.22人，SD0.76であった。

2．就業状況

(1) 就業形態

まず，就業形態であるが，表6-17に示しているように，「パート・臨時など」と「常勤」とが30%代で相拮抗していることがわかる。以下，「家業を手伝っている」19.9%「事業を経営している」5.2%の順になる。〈勤め人〉〈自営業〉〈家での仕事〉で区分してみると，〈勤め人〉66.3%，〈自営業〉25.1%，〈家での仕事〉8.2%である。なお，「回答者の年齢」「父親の有無」「家族形態」との関連に有意差はでていなかった。

(2) 職業経歴

次に，職業経歴について尋ねてみると，表6-18に示すように，「一時期，仕事をやめて家庭に入ったが，再び働いている」中断再就職型が57.0%で過半数を占めている。また，「就職してから（就業してから）現在までずっと仕事を続けている」継続型は32.9%である。「職業経歴」と「回答者の年齢」との間には有意差が見られ，加齢にともなって継続型の比率が高くなっている。「40歳以上」で継続型は41.2%であるのに対し，「25歳未満」で継続型は23.1%にすぎない。「25歳未満」では69.2%が中断再就職型である。

また，「父親の有無」との関連をみてみると，表6-1に示すように，父親がいない家庭の場合，87.1%が中断再就職型であることがわかる。「母・子」家庭を抽出してみると，19名中17名が中断再就職型である。「家族形態」の側面では，〈核家族〉で中断再就職型は61.6%であるのに対し，〈拡大家族〉で中断再就職型は47.4%になっている。「職業経歴」と「就業形態」とをクロス集計して

表6-1 父親の有無×職業経歴

	継続型		中断再就職型		中途就職型		その他		計	
いる	162	34.8	257	55.3	19	4.1	27	5.8	465	100.0
いない	2	6.5	27	87.1	1	3.2	1	3.2	31	100.0

$\chi^2=12.621$　df＝3　$p<0.01$

みると，表6-54に示すようになった（p＜0.001）。「常勤」では継続型が73.0％で最も多いのに比べ，それ以外の形態ではすべて中断再就職型の比率が高いことがわかる。

(3) 仕事の定期・不定期

「あなたの仕事は，1週間きまって働く定期的な仕事ですか。それとも，働く日は不定期できまっていませんか。」という設問をしてみると，表6-19のようになった。「定期的な仕事」が77.9％，「不定期な仕事」が20.5％，「その他」1.6％である。「定期的な仕事」と答えた人に1週間の就業日数を尋ねてみると，表6-20に示すように，6日が68.3％で最も多くなっている。平均では5.73日，SD0.68である。1日の就業時間は，表6-21のように，8時間が最頻値を示している。平均値を計算すると，6.81時間，SD1.76になる。

「不定期な仕事」「その他」と答えた人の1週間の就業日数を調べてみると，表6-22のように，5日が24.1％で最も多く，以下3日23.1％，2日17.6％，6日11.1％の順となる。平均で3.94日，SD1.52と「定期的な仕事」に比べてばらつきがみられる。就業時間については，表6-23に示しているが，平均では4.87時間，SD2.03である。

(4) 就業地区

勤務先（就業地区）については，表6-24に示しているが，「自宅以外の市内」が61.6％，「自宅」24.1％，「市外」11.8％，「その他」2.0％となっている。

(5) 通勤時間（往復）

次に，通勤時間であるが，表6-25に示している。平均では28.43分，SD27.35になる。なお，60分以上かかる人も14.9％（56名）いることがわかる。最大値は180分であった。

(6) 就労理由

「あなたが現在働いているのは，どのような理由からですか。この中から主なものを，3つまで選んで下さい。」（limited answer）という設問で，就労理由を尋ねてみた。表6-26にその結果を示しているが，「家計費の足しにするため」40.4％，「生計を維持するため」38.0％，「家業だから」24.1％，「子どもの教育費のため」23.7％，「マイホーム資金づくり・ローン返済のため」22.7％と，経済的理由が上位を占めていることがわかる。

(7) 仕事に対する満足・不満

現在の仕事に満足しているか，あるいは不満であるか，〈Item1 労働条件（働く時間の長さなど）〉〈Item2 仕事の中身〉〈Item3 収入・報酬〉〈Item4 人間関係〉の4項目について尋ねてみた（表6－27）。各項目を「不満」の側面から捉えてみると，「収入・報酬」が30.9%で高い比率を示すことがわかる。「就業形態」とのクロス集計では，4項目のすべてにおいて有意差がみられるが，表6－58～61に示すように，全体的に「常勤」において「不満」と答える比率が高くなる傾向にある。

表6－2 父親の有無×収入・報酬

	満足している		不満である		どちらともいえない		計	
いる	153	33.0	138	29.7	173	37.3	464	100.0
いない	5	16.1	16	51.6	10	32.3	31	100.0

$\chi^2 = 7.250$　df = 2　p < 0.05

4項目を「父親の有無」との関連で調べてみると，Item3「収入・報酬」において有意差がみられ，表6－2に示すように，父親のいない家庭において収入・報酬に対して「不満である」と答える比率が高くなっている。

ところで，「あなたは，今の仕事を今後も続けたいとお考えですか。」という設問に対して表6－29に示すような結果がでている。「当分の間は続けたい」と「将来もずっと続けたい」とを合計すると76.7%になるが，「やめたい」と答える人も9.6%いることがわかる。「就業形態」との関連を調べてみると有意差（p<0.001）がみられ，表6－63に示しているように，「常勤」と「事業を経営している」において「将来もずっと続けたい」と回答する比率が高くなっている。

次に，「やめたい」と答えた人にその理由（multiple answer）を尋ねてみると，表6－30のようになり，「仕事そのものに不満があるため」が39.6%で最も高い比率を示している。以下，「その他」37.5%，「子どもの世話を自分でしたいため」29.2%，「家事負担が重いため」25.0%の順である。

3．父親の育児・家事への協力

「あなたの夫は，日頃，育児・家事にどの程度協力しておられますか。」という設問で，母親からみた父親の育児や家事への協力の程度を尋ねてみた。仕事を

表6-3 育児（Item1）×仕事に対する満足度

	満足		まあ満足		どちらともいえない		やや不満		不満		計	
毎日協力している	17	15.7	58	53.7	19	17.6	11	10.2	3	2.8	108	100.0
ある程度協力している	22	11.1	92	46.5	54	27.3	26	13.1	4	2.0	198	100.0
あまり協力していない	21	15.8	43	32.3	28	21.1	36	27.1	5	3.8	133	100.0
まったく協力していない	2	7.7	8	30.8	13	50.0	1	3.8	2	7.7	26	100.0

$\chi^2=39.270$ df=12 p<0.001

持つ母親にとって父親の育児あるいは家事への協力は，重要な意味を含んでいるが，結果的には表6-31に示すようになった。Item1「育児」においては，「毎日協力している」23.1%，「ある程度協力している」42.7%と，ある程度の協力関係を察知することができるが，家事全般に関しては協力の度合いが著しく低い。

「父親の育児・家事への協力」と「就業形態」との関連では，Item3「洗濯」（p<0.001），Item4「朝食のしたく」（p<0.05）において有意差がみられ（表6-65～70），母親が「常勤」の場合に協力している比率が高いことが読み取れる。ただし，協力しているといっても有意差がみられた「朝食のしたく」（表6-68）を例にとっても，「常勤」で「毎日協力している」はわずか2.0%（3名），「ある程度協力している」は15.8%（24名）にすぎないのである。

表6-28で「全体としてみたら，あなたは今の仕事にどの程度満足していますか。」という「仕事に対する満足度」を尋ねているが，この設問と「父親の育児・家事への協力」の各項目とのクロス集計を行ってみると，Item1「育児」，Item5「夕食のしたく」において有意な関連がでている。表6-3に示すように，「毎日協力している」と「ある程度協力している」と答える人々に今の仕事に対して「満足」「まあ満足」を選択する比率が幾分か高くなっていることがわかる。しかし，他の項目との間には関連がみられないわけであり，母親の仕事に対する満足度あるいは満足感が，父親の家事への協力関係とどのように結びついているか，ここで判断することはできない。

なお，表6-31の各Itemの集計結果を「協力群」「非協力群」「非該当群」に分類し，母親の「仕事に対する満足度」（表6-28）との関連を調べてみると，表6-4に示すようになったことも表しておく。「協力群」とはItem 1～6において，3つ以上「毎日協力している」または「ある程度協力している」を選択した群である。「非協力群」とはItem 1～6において，すべて「まったく協力して

表6-4 育児・家事への協力群・非協力群×仕事に対する満足度

	満足		まあ満足		どちらともいえない		やや不満		不満		計	
協力群	15	11.5	73	55.7	26	19.8	14	10.7	3	2.3	131	100.0
非協力群	18	14.9	34	28.1	35	28.9	29	24.0	5	4.1	121	100.0
非該当群	29	13.6	94	44.1	53	24.9	31	14.6	6	2.8	213	100.0

$\chi^2 = 22.079$　df = 8　$p < 0.01$

いない」「あまり協力していない」を選択した群である。「非該当群」はそれ以外の群を意味する。このように典型といえるサンプルを取り出して検定を行ってみると、確かに育児・家事に対して協力的であるケースの群に満足度を示す傾向性があるが、「協力群」と「非該当群」との比率にほとんど差がないことも見逃してはならない。つまり、「協力群」「非協力群」の間に差が出ているわけであり、父親が育児・家事に協力的でないサンプルに母親が仕事に対して満足感を抱く比率が少ない傾向性が出ていると表現したほうが的確であろう。

4．夫婦の関係

「(1) あなたが働くことについて夫は理解してくれていると思いますか。」「(2) 夫婦の家事分担の現状について満足されていますか。」「(3) 夫のあなたへの愛情、思いやりについて満足されていますか。」「(4) 夫とはよく話をされますか。」という設問で、夫婦の関係について尋ねてみた（表6-32）。4項目と「回答者の年齢」「家族形態（核家族・拡大家族）」との関連ではどの項目も有意差はみられない。また、「就業形態」においては表6-71に示されているように、「(1) 夫の理解」においてのみ有意差がみられる（p<0.001）。先ほどの「仕事に対する満足度」に関しては、「(2) 夫婦の家事分担の現状」、「(3) 夫の愛情、思いやり」に有意差がでており、母親の仕事に対する満足度が増すほど夫婦の家事分担や夫の愛情、思いやりに対して「満足している」と回答する比率が高くなっている。

なお、「夫婦の関係」（表6-32）に関する4項目において、すべて1、または2、を選択したサンプルを「良好群」、すべて3、または4、を選択したサンプルを「非良好群」、それ以外を「非該当群」として「仕事に対する満足度」との関係を調べてみた。表6-5に示すように、自分の仕事に満足している人々に「良好群」が多いことがわかる。ただし、自分の仕事に不満と答える人々は「非良好群」ではなく「非該当群」に多く、また仕事に不満があっても夫婦の関係が

表6－5　夫婦の関係×仕事に対する満足度

	満足		まあ満足		どちらともいえない		やや不満		不満	
良好群	34	54.8	96	47.8	42	36.8	18	24.3	4	28.6
非良好群	3	4.8	5	2.5	6	5.3	5	6.8	1	7.1
非該当群	25	40.3	100	49.8	66	57.9	51	68.9	9	64.3
計	62	100.0	201	100.0	114	100.0	74	100.0	14	100.0

$\chi^2=20.505$　df＝8　p＜0.01

「良好群」にあたる人も28.6％いる。いずれにしても,「非該当群」のサンプルが多く,「非良好群」が少数であることも考慮して慎重な分析が必要であろう。では, 表6－4で表したように, 父親の育児・家事への協力関係の度合いから分析した「育児・家事への協力・非協力群」を「夫婦の関係」（表6－32）である4項目との関連性から調べてみると, すべての項目に有意性がみられる。たとえば, 父親が育児・家事に対して「協力群」に該当する場合,「(3)　夫の愛情, 思いやり」に対して「満足している」47.7％,「どちらかというと満足している」46.2％であるが,「非協力群」に該当する場合は,「どちらかというと不満である」39.8％,「不満である」26.8％となり, 父親の育児・家事への協力のあり方が夫婦の関係に多少なりとも影響を与えていることが読み取れる。この点については,「夫婦の関係」を「良好群」「非良好群」と分類した方式とのクロス集計をみてもあきらかであり, 表6－6に示しているように, 育児・家事に対して「協力群」に該当する場合, 81.1％が夫婦の関係において「良好群」であることがわかる。また,「協力群」の場合で夫婦関係が「非良好群」に該当するケースは0.0％であることも述べておく。ただし, 別の視点から捉えるならば, 育児・家事において「非協力群」に属しても夫婦関係は「良好群」にあたるケースが10.6％（13名）存在することも事実である。

表6－6　育児・家事への協力群・非協力群×夫婦の関係

	良好群		非良好群		非該当群		計	
協力群	107	81.1	0	0.0	25	18.9	132	100.0
非協力群	13	10.6	17	13.8	93	75.6	123	100.0
非該当群	76	35.7	4	1.9	133	62.4	213	100.0

$\chi^2=155.950$　df＝4　p＜0.001

5. 性別役割分業観

「男は仕事，女は家庭という考え方がありますが，あなたはこの考え方をどのように思いますか。」といわゆる伝統的な性別役割分業観について尋ねてみると，表6-33に示すようになった。「そうは思わない」と回答する比率は51.8％で半数をこえているが，「もっともだと思う」と肯定する人も7.4％（37名）いることがわかる。「回答者の年齢」「家族形態」「家族構成」などとの間に関連はみられないが，「就業形態」との間には有意差（$p<0.001$）がでており，「常勤」の人に「そうは思わない」と，性別役割分業を否定する比率が高い傾向にある（表6-75）。

6. 悩みごと——内容項目と相談相手——

次に，仕事を持つ母親の悩みごとについて尋ねた結果を表6-34~43に示している。「ある」を選択した比率の高い項目から拾ってみると，「子どもの教育」34.5％，「経済問題」29.1％，「家族の健康」28.3％，「自分の仕事」21.7％，「嫁姑の関係」17.9％の順となる。「回答者の年齢」とのクロス集計では，表6-76，78，79に示すように，「自分の健康」（$p<0.01$），「老人介護」（$p<0.05$），「自分の仕事」（$p<0.05$）において関連がみられ，特に「自分の健康」と「老人介護」においては，加齢にともなって悩みが重くなる傾向が読み取れる。

父親の有無と各項目との関連を調べてみると，「経済問題」と「嫁姑の関係」に有意差がみられた。経済問題では父親のいない家庭に悩むことが「ある」または「たまにある」と答える比率が高く，逆に嫁姑の関係ではそれらの比率が低くなっている。なお，「家族構成」のなかで「母・子」を選択したサンプル（19名）を抽出し，母と子どものみで構成する家庭の悩みごとを調べてみると，全体的に悩みごとが「ある」「たまにある」と答える比率が高くなっている。「ある」を選択した比率が高い項目は，「子どもの教育」47.4％，「自分の仕事」31.6％，「経済問題」31.6％などである。

「育児・家事への協力群・非協力群」と悩みごとの各項目との集計では，「夫の仕事」，「夫婦の関係」に有意差がみられた。両項目とも「非協力群」に悩むことが「ある」「たまにある」と回答する傾向がでている。「夫婦の関係」と悩みごとの各項目との関連では，強い有意性のでている項目が多く，どの項目において

も「夫婦の関係」で「非良好群」に悩むことが「ある」比率が高くなっている。ちなみに有意差のみられた項目は,「自分の健康」,「自分の仕事」,「夫の仕事」,「経済問題」,「子どもの教育」,「夫婦の関係」,以上である。

次に,悩みごとがあるとき,相談相手がいるかどうかについて尋ねてみると,表6－44のように,「いる」60.2%,「悩みごとによる」33.9%,「いない」5.8%になった。「いる」「悩みごとによる」と答えた人に主な相談相手を2人まで選んでもらうと (limited answer),表6－45に示すように,「夫」69.1%,「友達」41.6%,「親」38.6%,「きょうだい」21.1%の順になる。夫のいない家庭の主な相談相手は,「友達」67.7%,「親」41.9%,「きょうだい」25.8%,「職場の人」25.8%であった。

夫婦の関係が良好であるかどうかという点が,主な相談相手に影響を与えるかどうか調べてみると顕著な差がみられた。夫婦の関係が「良好群」であるケースでは,相談相手に「夫」を選ぶ比率は87.8%であるのに比較して,「非良好群」で「夫」を選ぶ比率は14.3%にすぎないのである。「非良好群」の場合,「友達」が47.6%で最も多く,以下「親」42.9%,「きょうだい」28.6%の順になっている。

なお,相談相手が「いない」と答えた29名に対し,「困ったとき何でも心をうちあけて話しあえる人がほしいと思いますか。」と尋ねてみると,表6－46のように,「ほしいと思う」19名,「ほしいと思わない(困りごとは自分で始末できる)」4名,「ほしいと思わない(人に話したくない)」6名,「わからない」0名という結果になった。

7. 健康状態

「あなたは日頃の自分の健康状態について,どのように感じていらっしゃいますか。この中ではどうでしょうか。」という設問で,仕事を持つ母親の健康状態を尋ねてみた。表6－47に示しているように,「健康である」21.5%,「まあ健康である」62.2%,「やや思わしくない」14.5%,「思わしくない」1.6%となっている。

「健康状態」と各設問とのクロス集計では「夫婦の関係」において有意な関連がでており,表6－7に示すように,夫婦の関係で「非良好群」に健康状態が

第6章 育児期の母親の就業状況と家庭生活の内実に関する調査　149

表6-7　夫婦の関係×健康状態

	健康である		まあ健康である		やや思わしくない		思わしくない		計	
良好群	49	25.1	126	64.6	18	9.2	2	1.0	195	100.0
非良好群	2	9.5	10	47.6	8	38.1	1	4.8	21	100.0
非該当群	46	18.3	160	63.7	41	16.3	4	1.6	251	100.0

$\chi^2=18.961$　df=6　p<0.01

「やや思わしくない」と答える比率が高くなっている。表6-47の「健康状態」が「やや思わしくない」「思わしくない」と回答した人に「健康が思わしくない理由」（multiple answer）について尋ねてみると，表6-48のような結果になる。「精神的ストレス」が68.8％で最も多く，以下「慢性的な身体的疲労」48.8％，「医師から診断された慢性的持病がある」30.0％の順になっている。

8．最近の精神状態

表6-49に示すように，「近頃このようなことを感じますか。ありましたらいくつでもあげて下さい。」と就労する母親の精神状態について尋ねてみた。無制限複数回答形式のため，選択肢を選んだ数で区分し（「最近の精神状態の数」），具体的な日常生活の「悩みごとの有無」（表6-34～43）との関連を調べてみると，以下の項目に有意差がでている。「夫婦の関係」（$\chi^2=95.493$　df=15　p<0.001），「自分の健康」（$\chi^2=64.600$　p<0.001），「自分の仕事」（$\chi^2=56.931$　p<0.001），「家族の健康」（$\chi^2=55.226$　p<0.001），「子どもの教育」（$\chi^2=52.147$　p<0.001），「嫁姑の関係」（$\chi^2=39.111$　p<0.001），「親戚との関係」（$\chi^2=38.221$　p<0.001），「夫の仕事」（$\chi^2=33.056$　p<0.01），「経済問題」（$\chi^2=30.503$　p<0.05）。表6-8には「最近の精神状態の数」と「夫婦の関係（悩みごとの有無）」とをクロス集計しているが，精神状態の選択肢に「5つ以上」の選択している人（つまり，精神状態がよくないと予測される場合）の42.9％が夫婦の関係で悩むことが「ある」と答えているのである。この点については，表6-32の夫婦の関係を示す4項目との集計においてもすべて有意差がでており，精神状態の選択肢の数が少ない人は（つまり，精神状態がよいと予測される人は），「満足している」「よく話をする」と回答する傾向がでているのである。ただし，「最近の精神状態の数」と表6-31に示した「父親の育児・家事への協力」の6項目すべてにおいて有意な関連は現れていない。

表6-8　夫婦の関係（悩みごとの有無）×最近の精神状態の数

	0		1つ		2つ		3つ		4つ		5つ以上	
ある	1	1.6	6	4.9	5	5.1	18	21.2	8	14.8	18	42.9
たまにある	9	14.3	33	26.8	31	31.3	28	32.9	25	46.3	7	16.7
あまりない	23	36.5	45	36.6	41	41.4	26	30.6	14	25.9	11	26.2
ない	30	47.6	39	31.7	22	22.2	13	15.3	7	13.0	6	14.3
計	63	100.0	123	100.0	99	100.0	85	100.0	54	100.0	42	100.0

$\chi^2=95.493$　df=15　$p<0.001$

9．最近の体調

「最近，からだの調子はいかがですか。この中にあてはまるものがありましたら，いくつでもあげて下さい。」という設問で，最近の体調を尋ねてみた。表6-50に示すように，最も多く選択されているのは「疲れやすい」の43.0％である。以下，「肩こりがひどい」41.0％，「目が疲れる」29.9％，「次の日まで疲れが残る」29.5％，「ふとり過ぎ」26.3％，「からだがだるい」25.9％の順になっている。無制限複数回答のため，先の「最近の精神状態の数」と同じように，選択肢を選んだ数で区分し，各設問との関連を調べてみたが，具体的な日常生活の「悩みごとの有無」（表6-34～43）との関連では，以下の項目に有意差がみられた。「自分の健康」（$\chi^2=114.391$　df=15　$p<0.001$），「家族の健康」（$\chi^2=47.178$　$p<0.001$），「経済問題」（$\chi^2=40.963$　$p<0.001$），「子どもの教育」（$\chi^2=36.434$　$p<0.01$），「夫婦の関係」（$\chi^2=34.934$　$p<0.01$），「親戚との関係」（$\chi^2=28.471$　$p<0.05$），「自分の仕事」（$\chi^2=28.362$　$p<0.05$），「老人介護」（$\chi^2=26.044$　$p<0.05$）。以上，どの悩みごとの項目においても，体調がよくないと予測される場合に（つまり，選択肢を多く選んでいる場合に），悩むことが「ある」または「たまにある」と回答する比率が高くなっている。なお，先ほどの「最近の精神状態の数」と表6-31に示した「父親の育児・家事への協力」の6項目に有意な関連はみられなかったように，「最近の体調の数」と「父親の育児・家事への協力」（6項目）との間には有意差はでていない。

10. 家庭生活の満足度

最後に,「全体としてみたら,あなたは家庭での生活にどの程度満足していますか。」という設問で,家庭生活の満足度を尋ねてみた。表6－51に示しているように,「満足」14.7%,「まあ満足」55.0%,「どちらともいえない」19.1%,「やや不満」7.2%,「不満」3.8%という結果になっている。

仕事を持つ母親にとって家庭での生活の満足感あるいは不満感というものが,仕事そのものとどのような関係にあるか,表6－27「仕事に対する満足・不満」の具体的な4項目との関連を調べてみると,〈Item2　しごとの中身〉〈Item3　収入・報酬〉〈Item4　人間関係〉において有意差がみられた。つまり, 3項目とも家庭での生活に満足している人に仕事の中身や収入・報酬に対して満足と回答する傾向がでているのである。表6－9には表6－27「仕事に対する満足・不満(Item1～4)」において満足群・不満群を抽出し,集計をだしている。ちなみに,満足群とは Item1～4 について3つ以上「1. 満足している」を選択した群であり,不満群とは3つ以上「2. 不満である」を選択している群を意味する。

就労している母親にとって家庭生活が満足であるかどうかは,父親の育児・家事への協力の度合いと関係していると思われるが表6－31に示された6項目に関しては,〈Item1 育児〉〈Item2 掃除〉〈Item3 洗濯〉〈Item5 夕食のしたく〉〈Item6 日用品の買物〉において有意差がみられた。つまり,父親が「毎日協力している」「ある程度協力している」と回答するケースに家庭生活が「満足」あるいは「ま

表6－9　仕事に対する満足・不満×家庭生活の満足度

	満　足	まあ満足	どちらともいえない	やや不満	不　満	計
満足群	37 21.0 50.7	108 61.4 39.7	16 9.1 16.8	9 5.1 25.0	6 3.4 33.3	176 100.0 35.6
不満群	5 13.9 6.8	14 38.9 5.1	9 25.0 9.5	6 16.7 16.7	2 5.6 11.1	36 100.0 7.3
非該当群	31 11.0 42.5	150 53.2 55.1	70 24.8 73.7	21 7.4 58.3	10 3.5 55.6	282 100.0 57.1
計	73 14.8 100.0	272 55.1 100.0	95 19.2 100.0	36 7.3 100.0	18< br>3.6 100.0	494 100.0 100.0

$\chi^2 = 31.067$　df = 8　p < 0.001

表6-10 育児への協力×家庭生活の満足度

	満足		まあ満足		どちらともいえない		やや不満		不満		計	
毎日協力している	31	29.0	65	60.7	8	7.5	3	2.8	0	0.0	107	100.0
ある程度協力している	32	16.0	124	62.0	30	15.0	13	6.5	1	0.5	200	100.0
あまり協力していない	9	6.8	64	48.1	35	26.3	16	12.0	9	6.8	133	100.0
まったく協力していない	0	0.0	10	37.0	6	22.2	4	14.8	7	25.9	27	100.0

$\chi^2 = 100.198$　df=12　p<0.001

あ満足」と答える比率が高いわけである。表6-10にはその典型ともいえる育児との関係を示している。

このように仕事を持つ母親にとって家庭生活への満足感は、夫である父親の日頃の育児・家事への協力要因と密接に関係していることが理解できる。ただし、先にも述べたように、母親の精神状態や体調のよしあしと父親の育児・家事への協力関係との間には直接的な関係はみられないことも事実である。

では、夫婦の関係のあり方は家庭生活の満足感・不満感とどのようなつながりがあるのであろうか。表6-32の夫婦関係を示す4項目との集計では、「夫の愛情、思いやり」に最も強い有意性がみられた（$\chi^2 = 243.344$　df=12　p<0.001）。夫の愛情、思いやりに「満足している」人の場合、家庭生活において「満足」または「まあ満足」と答える人は94.4％であるのに対し、夫の愛情、思いやりに「不満である」と回答するケースで家庭生活に「満足」は0.0％、「まあ満足」は20.0％にすぎないのである。この点については、母親の具体的な悩みごとの有無について尋ねた表6-34～43とのクロス集計の結果からも明らかであり、「家庭生活の満足度」（表6-51）は、日常の悩みごとの中では「夫婦の関係」と最も高い検定値を示すのである。以下、有意差のみられた項目（悩みごと）をあげておく。「夫婦の関係」（$\chi^2 = 219.625$　df=12　p<0.001），「経済問題」（$\chi^2 = 71.726$

表6-11 夫婦の関係（悩みごとの有無）×家庭生活の満足度

	満足		まあ満足		どちらともいえない		やや不満		不満	
あ　る	1	1.4	12	4.6	16	20.5	12	33.3	15	88.2
たまにある	4	5.6	87	33.1	28	35.9	12	33.3	2	11.8
あまりない	18	25.0	109	41.4	26	33.3	7	19.4	0	0.0
な　い	49	68.1	55	20.9	8	10.3	5	13.9	0	0.0
計	72	100.0	263	100.0	78	100.0	36	100.0	17	100.0

$\chi^2 = 219.625$　df=12　p<0.001

第6章 育児期の母親の就業状況と家庭生活の内実に関する調査

表6-12 主な相談相手×家庭生活の満足度

	満足		まあ満足		どちらともいえない		やや不満		不満	
夫	64	87.7	203	74.1	34	35.8	21	58.3	1	5.3
友達	28	38.4	103	37.6	37	38.9	18	50.0	9	47.4
近所の人	1	1.4	8	2.9	1	1.1	1	2.8	1	5.3
親	26	35.6	99	36.1	41	43.2	7	19.4	7	36.8
きょうだい	7	9.6	55	20.1	21	22.1	8	22.2	8	42.1
親戚の人	2	2.7	7	2.6	1	1.1	1	2.8	0	0.0
職場の人	6	8.2	27	9.9	11	11.6	6	16.7	3	15.8
その他	4	5.5	7	2.6	3	3.2	2	5.6	0	0.0
NA・MC	8	11.0	39	14.2	41	43.2	8	22.2	9	47.4
対象数・計	73	200.0	274	200.0	95	200.0	36	200.0	19	200.0

$p<0.001$),「夫の仕事」($\chi^2=44.261$ $p<0.001$),「自分の健康」($\chi^2=33.887$ $p<0.001$),「自分の仕事」($\chi^2=32.926$ $p<0.001$),「子どもの教育」($\chi^2=31.322$ $p<0.01$),「家族の健康」($\chi^2=27.744$, $p<0.01$),「嫁姑の関係」($\chi^2=26.768$ $p<0.01$)。つまり,家庭生活に満足しているかどうかという側面は,夫婦の人間関係に悩みを抱えているかいないかといった要因と深い関連性がみられ(表6-11),同時にそのことは夫の育児・家事への協力や夫の愛情,思いやりといった夫の側からの働きかけに起因していることは明確のようである。こうした点は,「最近の精神状態」(表6-8)のところで,夫婦の関係の悩みごとと母親の精神状態とに強い有意差がみられたことからも理解できよう。また,表6-12に示すように,家庭生活の満足度と悩みごとの主な相談相手とクロス集計してみるとわかるように,家庭生活に「満足」している人で相談相手に「夫」を選ぶ比率は87.7％と高いが,家庭生活が「不満」と答える人で相談相手に「夫」を選ぶ比率はわずか5.3％(1名)にすぎないのであった。

第4節 結 語

本調査は,保育所に子どもを預けて働く母親の生活状況に視点を当て,特に育児・家事と仕事を両立させる中で,どのような悩みが生じ,その具体的な悩みはどのような要因と構造的に関連しているのか分析することを試みるものであった。仕事を持つ母親にとって,家庭生活がいかに安定しているか,その満足感は仕

事そのものに何らかの影響を与えると予測されるが，家庭での生活に満足している場合に仕事の中身や収入・報酬などに対して満足と答える傾向がでていることが明らかになった。そして，家庭生活の満足感は夫である父親の育児・家事への協力要因と密接に関連していることも把握されたのである。同時に，母親にとって家庭での生活の満足感は，夫との人間関係に悩むことがあるかどうかといった日常生活の中での夫婦の関係と高い検定値を示しており，働くこと，子どもを育てること，あるいは生活そのものを夫の存在が大きく左右していることがうかがえる。こうした夫との関係は，健康状態や精神状態との関連の中にも有意性がみられ，例えば精神状態がよくないケースに夫婦の関係で悩むことがあると答える比率が高くなっているのである。よって夫婦の関係は，仕事を持つ母親にとって，家庭生活および生活の中から派生する具体的な悩みごと，あるいは健康状態，精神状態等への多面的側面に影響を与えていることが考えられ，そのことが仕事そのものの内実にも不満感として表出されることが予測されるのである。

ただし，夫婦の関係が良好であり，仕事に対する満足度が増すほど夫婦の家事分担や夫の愛情，思いやりに対して満足している比率は高くなっているが，夫が家事・育児に対して協力的でない家庭においても夫婦の人間関係が良好群に属しているケースが存在していることも事実である。父親の育児・家事への協力に関する設問に対して協力群であるサンプルで夫婦関係が不良であるケースはまったくみられなかったが，非協力群に属していても夫婦の関係において良好であるケースも存在するのである。

なお，本調査は，母親の主観によって形成されている質問紙法による調査分析であり，母親の生活実態を総体的に多面的立場から考察することには限界がある。たとえば，ひとつのことに不満感を保持する調査対象者が別の事実に不満感ともいえる感情を引きずることは否定できないことである。その意味で，集計データの分析には危険性を帯びているといえようが，今回の調査結果から一定の傾向性や有意性が読み取れることも事実である。今後，母親の悩み，不満の要因項目を多変量的な分析をもって研究する必要性があろうし，同時に母親の内面の生活実態を保育制度，サービスとの関係の中で，いかに普遍化・一般化していくかが課題となってこよう。

注)
1) 総務庁統計局『労働力調査特別調査報告(平成4年2月)』日本統計協会, 1992年, p.39
2) 本調査の質問紙の作成にあたっては, 原ひろ子編『母親の就業と家庭生活の変動』弘文堂, 1987年, 『既婚女子労働者の生活実態調査結果報告』婦人少年協会, 1989年, 『男性の家事分担に関する調査研究報告書』兵庫県家庭問題研究所, 1989年, を参考・引用した。

第5節 統計表(I)

表6-13 回答者の年齢

Category 1:	13	2.6%	1.	25歳未満
〃 2:	88	17.7%	2.	25～29歳
〃 3:	235	47.2%	3.	30～34歳
〃 4:	126	25.3%	4.	35～39歳
〃 5:	34	6.8%	5.	40歳以上
No answer	2	0.4%		

表6-14 家族構成

Category 1:	325	65.3%	1.	父・母・子
〃 2:	19	3.8%	2.	母・子
〃 3:	92	18.5%	3.	祖父・祖母・父・母・子
〃 4:	8	1.6%	4.	祖父・祖母・母・子
〃 5:	1	0.2%	5.	祖父・父・母・子
〃 6:	1	0.2%	6.	祖父・母・子
〃 7:	39	7.8%	7.	祖母・父・母・子
〃 8:	1	0.2%	8.	祖母・母・子
〃 9:	12	2.4%	9.	その他

表6-15 保育園にかよっておられるお子さんは，現在何歳ですか。
（2人以上かよっておられる方は，上のお子さんをお答え下さい。）

Category 1:	11	2.2%	1.	1歳
〃 2:	31	6.2%	2.	2歳
〃 3:	64	12.9%	3.	3歳
〃 4:	155	31.1%	4.	4歳
〃 5:	191	38.4%	5.	5歳
〃 6:	46	9.2%	6.	6歳

表6-16 お宅にお子さんは何人おられますか。

Category 1:	75	15.1%	1.	1人
〃 2:	261	52.4%	2.	2人
〃 3:	141	28.3%	3.	3人
〃 4:	17	3.4%	4.	4人
〃 5:	3	0.6%	5.	5人
No answer	1	0.2%		

表6-17 あなたは現在どのような仕事についておられますか。この中ではどれにあたりますか。

Category 1:	163	32.7%	1.	常勤
〃 2:	167	33.5%	2.	パート・臨時など
〃 3:	26	5.2%	3.	事業を経営している
〃 4:	99	19.9%	4.	家業を手伝っている
〃 5:	22	4.4%	5.	手間賃仕事をしている（出来高払いの）
〃 6:	4	0.8%	6.	家で人に教える仕事をしている
〃 7:	8	1.6%	7.	会社などと契約して家でできる仕事をしている
〃 8:	7	1.4%	8.	会社に雇われて家でできる仕事をしている
No answer	2	0.4%		

第6章 育児期の母親の就業状況と家庭生活の内実に関する調査

表6-18 あなたは学校を出てから，これまで職業とどのようなかかわり方をしてこられましたか。この中からあてはまるものを1つ選んで下さい。

Category 1:	164	32.9%	1. 就職してから（就業してから）現在までずっと仕事を続けている（転職はかまいません）
〃 2:	284	57.0%	2. 一時期，仕事をやめて家庭に入ったが，再び働いている
〃 3:	20	4.0%	3. 就職せずに（就業せずに）家庭に入ったが，現在は働いている
〃 4:	28	5.6%	4. その他（　　　）
No answer	2	0.4%	

表6-19 あなたの仕事は，「1週間きまって働く」定期的な仕事ですか。それとも，働く日は不定期できまっていませんか。

Category 1:	388	77.9%	1. 定期的な仕事
〃 2:	102	20.5%	2. 不定期な仕事
〃 3:	8	1.6%	3. その他

表6-20 あなたは，週平均何日くらい働きますか。（定期的な仕事）

Category 1:	1	0.3%	1. 1日
〃 2:	0	0.0%	2. 2日
〃 3:	5	1.3%	3. 3日
〃 4:	6	1.5%	4. 4日
〃 5:	92	23.7%	5. 5日
〃 6:	265	68.3%	6. 6日
〃 7:	19	4.9%	7. 7日

表6-21 就業時間は、1日平均何時間ですか。(定期的な仕事)

Category	1:	1	0.3%	1.	1時間
〃	2:	4	1.0%	2.	2時間
〃	3:	11	2.8%	3.	3時間
〃	4:	28	7.2%	4.	4時間
〃	5:	44	11.3%	5.	5時間
〃	6:	69	17.8%	6.	6時間
〃	7:	43	11.1%	7.	7時間
〃	8:	159	41.0%	8.	8時間
〃	9:	15	3.9%	9.	9時間
〃	10:	9	2.3%	10.	10時間
〃	11:	4	1.0%	11.	11時間
〃	12:	0	0.0%	12.	12時間
〃	13:	1	0.3%	13.	13時間

表6-22 あなたは、この1週間何日くらい働きましたか。
(不定期的な仕事・その他)

Category	1:	3	2.8%	1.	1日
〃	2:	19	17.6%	2.	2日
〃	3:	25	23.1%	3.	3日
〃	4:	18	16.7%	4.	4日
〃	5:	26	24.1%	5.	5日
〃	6:	12	11.1%	6.	6日
〃	7:	5	4.6%	7.	7日

表6－23 就業時間は，平均して何時間くらいが多いですか。
（不定期的な仕事・その他）

Category 1:	2	1.8%	1.	1時間
〃 2:	8	7.3%	2.	2時間
〃 3:	14	12.8%	3.	3時間
〃 4:	26	23.9%	4.	4時間
〃 5:	31	28.4%	5.	5時間
〃 6:	11	10.1%	6.	6時間
〃 7:	3	2.8%	7.	7時間
〃 8:	8	7.3%	8.	8時間
〃 9:	1	0.9%	9.	9時間
〃 10:	4	3.7%	10.	10時間
〃 11:	0	0.0%	11.	11時間
〃 12:	1	0.9%	12.	12時間

表6－24 勤務先（就業場所）はどちらですか。

Category 1:	120	24.1%	1.	自宅
〃 2:	307	61.6%	2.	自宅以外の市内
〃 3:	59	11.8%	3.	市外
〃 4:	10	2.0%	4.	その他
No answer	2	0.4%		

表6－25 通勤時間は，合計すると往復どのくらいかかりますか。

Category 1:	113	30.1%	1.	15分未満
〃 2:	126	33.6%	2.	15～29分
〃 3:	69	18.4%	3.	30～44分
〃 4:	11	2.9%	4.	45～59分
〃 5:	56	14.9%	5.	60分以上

表6−26 あなたが現在働いているのは，どのような理由からですか。この中から主なものを，3つまで選んで下さい。

Category	人数	%	項目
1:	189	38.0%	1. 生計を維持するため
〃 2:	53	10.6%	2. 働くのはあたりまえだから
〃 3:	201	40.4%	3. 家計費の足しにするため
〃 4:	18	3.6%	4. 老後に備えるため
〃 5:	79	15.9%	5. 自分で自由に使えるお金を得るため
〃 6:	118	23.7%	6. 子どもの教育費のため
〃 7:	113	22.7%	7. マイホーム資金づくり・ローン返済のため
〃 8:	111	22.3%	8. 自分の能力，技能，資格を生かすため
〃 9:	67	13.5%	9. 視野を広めるため
〃 10:	4	0.8%	10. 友人を作るため
〃 11:	58	11.6%	11. 仕事が好きだから
〃 12:	80	16.1%	12. 時間的に余裕があるから
〃 13:	120	24.1%	13. 家業だから
〃 14:	15	3.0%	14. その他（　　　）

(NA・MCを除く)

表6-27 あなたの仕事についてのお感じをお聞きします。この4つの項目について，ひとつひとつお答えください。

⟨Item1 労働条件（働く時間の長さなど）⟩

Category 1:	251	50.4%	1.	満足している
〃 2:	78	15.7%	2.	不満である
〃 3:	165	33.1%	3.	どちらともいえない
No answer	4	0.8%		

⟨Item2 仕事の中身⟩

Category 1:	230	46.2%	1.	満足している
〃 2:	60	12.0%	2.	不満である
〃 3:	205	41.2%	3.	どちらともいえない
No answer	3	0.6%		

⟨Item3 収入・報酬⟩

Category 1:	158	31.7%	1.	満足している
〃 2:	154	30.9%	2.	不満である
〃 3:	183	36.7%	3.	どちらともいえない
No answer	3	0.6%		

⟨Item4 人間関係⟩

Category 1:	258	51.8%	1.	満足している
〃 2:	50	10.0%	2.	不満である
〃 3:	187	37.6%	3.	どちらともいえない
No answer	3	0.6%		

表6-28 全体としてみたら，あなたは今の仕事にどの程度満足していますか。

Category 1:	64	12.9%	1.	満足
〃 2:	218	43.8%	2.	まあ満足
〃 3:	123	24.7%	3.	どちらともいえない
〃 4:	76	15.3%	4.	やや不満
〃 5:	14	2.8%	5.	不満
No answer	3	0.6%		

表6-29　あなたは，今の仕事を今後も続けたいとお考えですか。

Category 1:	122	24.5%	1.	将来もずっと続けたい
〃 2:	260	52.2%	2.	当分の間は続けたい
〃 3:	48	9.6%	3.	やめたい
〃 4:	54	10.8%	4.	わからない
〃 5:	11	2.2%	5.	その他（　　）
No answer	3	0.6%		

表6-30　「3．やめたい」と答えた方におうかがいします。それはどのような理由からでしょうか。該当する番号をすべて〇で囲んで下さい。

Category 1:	19	39.6%	1.	仕事そのものに不満があるため
〃 2:	4	8.3%	2.	出産のため
〃 3:	0	0.0%	3.	老人・病人の介護のため
〃 4:	2	4.2%	4.	家族の反対のため
〃 5:	7	14.6%	5.	自分の健康状態が不良のため
〃 6:	14	29.2%	6.	子どもの世話を自分でしたいため
〃 7:	12	25.0%	7.	家事負担が重いため
〃 8:	9	18.8%	8.	育児負担が重いため
〃 9:	18	37.5%	9.	その他（　　）

表6-31 あなたの夫は，日頃，育児・家事にどの程度協力しておられますか。

〈Item1　育児〉

Category	1:	108	23.1%	1. 毎日協力している
〃	2:	200	42.7%	2. ある程度協力している
〃	3:	133	28.4%	3. あまり協力していない
〃	4:	27	5.8%	4. まったく協力していない

〈Item2　家事～とくに掃除～〉

Category	1:	12	2.6%	1. 毎日協力している
〃	2:	112	23.9%	2. ある程度協力している
〃	3:	140	29.9%	3. あまり協力していない
〃	4:	204	43.6%	4. まったく協力していない

〈Item3　家事～とくに洗濯～〉

Category	1:	20	4.3%	1. 毎日協力している
〃	2:	52	11.1%	2. ある程度協力している
〃	3:	73	15.6%	3. あまり協力していない
〃	4:	323	69.0%	4. まったく協力していない

〈Item4　家事～とくに朝食のしたく～〉

Category	1:	13	2.8%	1. 毎日協力している
〃	2:	55	11.8%	2. ある程度協力している
〃	3:	89	19.1%	3. あまり協力していない
〃	4:	310	66.4%	4. まったく協力していない

〈Item5　家事～とくに夕食のしたく～〉

Category	1:	8	1.7%	1. 毎日協力している
〃	2:	69	14.7%	2. ある程度協力している
〃	3:	87	18.6%	3. あまり協力していない
〃	4:	304	65.0%	4. まったく協力していない

〈Item6　家事～とくに日用品の買物～〉

Category	1:	13	2.8%	1. 毎日協力している
〃	2:	176	37.6%	2. ある程度協力している
〃	3:	140	29.9%	3. あまり協力していない
〃	4:	139	29.7%	4. まったく協力していない

表6-32　ご夫婦の関係についておたずねします。

(1) あなたが働くことについて夫は理解してくれていると思いますか。

Category 1:	193	41.3%	1. 非常に理解している
〃 2:	231	49.5%	2. まあまあ理解している
〃 3:	32	6.9%	3. あまり理解していない
〃 4:	11	2.4%	4. ほとんど理解していない

(2) 夫婦の家事分担の現状について満足されていますか。

Category 1:	91	19.4%	1. 満足している
〃 2:	146	31.2%	2. どちらかというと満足している
〃 3:	151	32.3%	3. どちらかというと不満である
〃 4:	80	17.1%	4. 不満である

(3) 夫のあなたへの愛情，思いやりについて満足されていますか。

Category 1:	125	26.7%	1. 満足している
〃 2:	192	41.0%	2. どちらかというと満足している
〃 3:	101	21.6%	3. どちらかというと不満である
〃 4:	50	10.7%	4. 不満である

(4) 夫とはよく話をされますか。

Category 1:	209	44.7%	1. よく話をする
〃 2:	147	31.4%	2. どちらかというとよく話をする
〃 3:	94	20.1%	3. どちらかというとあまり話をしない
〃 4:	18	3.8%	4. ほとんど話をしない

表6-33　「男は仕事，女は家庭」という考え方がありますが，あなたはこの考え方をどのように思いますか。

Category 1:	37	7.4%	1. もっともだと思う
〃 2:	200	40.2%	2. どちらともいえない
〃 3:	258	51.8%	3. そうは思わない
No answer	3	0.6%	

表6-34　あなたは自分の健康のことで悩むことがありますか。

Category 1:	72	14.5%	1. ある
〃 2:	241	48.4%	2. たまにある
〃 3:	127	25.5%	3. あまりない
〃 4:	56	11.2%	4. ない
No answer	2	0.4%	

表6-35　あなたは家族の健康のことで悩むことがありますか。

Category	1:	141	28.3%	1.	ある
〃	2:	265	53.2%	2.	たまにある
〃	3:	78	15.7%	3.	あまりない
〃	4:	14	2.8%	4.	ない

表6-36　あなたは老人介護のことで悩むことがありますか。

Category	1:	50	10.0%	1.	ある
〃	2:	120	24.1%	2.	たまにある
〃	3:	143	28.7%	3.	あまりない
〃	4:	185	37.1%	4.	ない

表6-37　あなたは自分の仕事のことで悩むことがありますか。

Category	1:	108	21.7%	1.	ある
〃	2:	217	43.6%	2.	たまにある
〃	3:	116	23.3%	3.	あまりない
〃	4:	56	11.2%	4.	ない
No answer		1	0.2%		

表6-38　あなたは夫の仕事のことで悩むことがありますか。

Category	1:	60	12.8%	1.	ある
〃	2:	146	31.2%	2.	たまにある
〃	3:	149	31.8%	3.	あまりない
〃	4:	113	24.1%	4.	ない

表6-39　あなたは経済問題のことで悩むことがありますか。

Category	1:	145	29.1%	1.	ある
〃	2:	177	35.5%	2.	たまにある
〃	3:	122	24.5%	3.	あまりない
〃	4:	54	10.8%	4.	ない

表6-40　あなたは子どもの教育のことで悩むことがありますか。

Category	1:	172	34.5%	1.	ある
〃	2:	209	42.0%	2.	たまにある
〃	3:	98	19.7%	3.	あまりない
〃	4:	19	3.8%	4.	ない

表6-41　あなたは夫婦の関係のことで悩むことがありますか。

Category 1:	56	12.0%	1.	ある
〃 2:	133	28.5%	2.	たまにある
〃 3:	161	34.5%	3.	あまりない
〃 4:	117	25.1%	4.	ない

表6-42　あなたは嫁姑の関係のことで悩むことがありますか。

Category 1:	89	17.9%	1.	ある
〃 2:	126	25.3%	2.	たまにある
〃 3:	131	26.3%	3.	あまりない
〃 4:	141	28.3%	4.	ない
No answer	11	2.2%		

表6-43　あなたは親戚との関係のことで悩むことがありますか。

Category 1:	50	10.0%	1.	ある
〃 2:	108	21.7%	2.	たまにある
〃 3:	191	38.4%	3.	あまりない
〃 4:	148	29.7%	4.	ない
No answer	1	0.2%		

表6-44　あなたは悩みごとがあるとき，相談相手がいますか。

Category 1:	300	60.2%	1.	いる
〃 2:	169	33.9%	2.	悩みごとによる
〃 3:	29	5.8%	3.	いない

表6-45　主にどなたに相談されますか。2つまで選んで下さい。
　　　　（表6-44で「いる」「悩みごとによる」）

Category 1:	324	69.1%	1.	夫
〃 2:	195	41.6%	2.	友達
〃 3:	12	2.6%	3.	近所の人
〃 4:	181	38.6%	4.	親
〃 5:	99	21.1%	5.	きょうだい
〃 6:	11	2.3%	6.	親戚の人
〃 7:	53	11.3%	7.	職場の人
〃 8:	16	3.4%	8.	その他（　　）

（NA・MCを除く）

第6章　育児期の母親の就業状況と家庭生活の内実に関する調査

表6-46　困ったとき何でも心をうちあけて話しあえる人がほしいと思いますか。
（表6-44で「いない」）

Category 1:	19	65.5%	1. ほしいと思う
〃 2:	4	13.8%	2. ほしいと思わない（困りごとは自分で始末できる）
〃 3:	6	20.7%	3. ほしいと思わない（人に話したくない）
〃 4:	0	0.0%	4. わからない

表6-47　あなたは日頃の自分の健康状態について，どのように感じていらっしゃいますか。この中ではどうでしょうか。

Category 1:	107	21.5%	1. 健康である
〃 2:	310	62.2%	2. まあ健康である
〃 3:	72	14.5%	3. やや思わしくない
〃 4:	8	1.6%	4. 思わしくない
No answer	1	0.2%	

表6-48　あなたは，健康が思わしくない理由は何だと考えていますか。該当する番号をすべて○で囲んで下さい。
（表6-47で「やや思わしくない」「思わしくない」）

Category 1:	24	30.0%	1. 医師から診断された慢性的持病がある
〃 2:	11	13.8%	2. からだがもともと弱い
〃 3:	39	48.8%	3. 慢性的な身体的疲労
〃 4:	55	68.8%	4. 精神的ストレス
〃 5:	19	23.8%	5. 不規則な生活
〃 6:	7	8.8%	6. その他（　　）

表6-49　近頃このようなことを感じますか。ありましたらいくつでもあげて下さい。

Category 1:	216	43.4%	1. 気持ちがたかぶりイライラする
〃 2:	143	28.7%	2. ささいなことが気になる
〃 3:	125	25.1%	3. なんとなくやる気がしない
〃 4:	32	6.4%	4. 気が散って一つのことに集中できない
〃 5:	178	35.7%	5. もの忘れをするようになった
〃 6:	104	20.9%	6. 何かみたされない，さびしい気持ちがする
〃 7:	58	11.6%	7. 何かに追われるような感じがする
〃 8:	92	18.5%	8. 気持ちの浮きしずみがはげしい
〃 9:	146	29.3%	9. 気疲れがひどい
〃 10:	11	2.2%	10. その他（　　）

表6-50 最近,からだの調子はいかがですか,この中にあてはまるものがありましたら,いくつでもあげて下さい。

Category				
1:	131	26.3%	1.	ふとり過ぎ
〃 2:	8	1.6%	2.	血圧が高い
〃 3:	78	15.7%	3.	血圧が低い
〃 4:	129	25.9%	4.	からだがだるい
〃 5:	214	43.0%	5.	疲れやすい
〃 6:	105	21.1%	6.	頭痛がする
〃 7:	204	41.0%	7.	肩こりがひどい
〃 8:	136	27.3%	8.	腰痛がある
〃 9:	149	29.9%	9.	目が疲れる
〃 10:	66	13.3%	10.	眠りが浅く熟睡できない
〃 11:	147	29.5%	11.	次の日まで疲れが残る
〃 12:	7	1.4%	12.	食欲がない
〃 13:	62	12.4%	13.	胃腸の調子がよくない・胃が痛む
〃 14:	18	3.6%	14.	その他( )

表6-51 全体としてみたら,あなたは家庭での生活にどの程度満足していますか。

Category				
1:	73	14.7%	1.	満足
〃 2:	274	55.0%	2.	まあ満足
〃 3:	95	19.1%	3.	どちらともいえない
〃 4:	36	7.2%	4.	やや不満
〃 5:	19	3.8%	5.	不満
No answer	1	0.2%		

参考文献

1) 『母親の就業を中心とした社会参加と親役割に関する調査報告書』東京都生活文化局,1990年
2) 労働省婦人局編『婦人労働の実情(平成4年度)』大蔵省印刷局,1992年
3) 総理府編『女性の現状と施策[新国内行動計画第2回報告書]』ぎょうせい,1992年
4) 総務庁行政監察局編『保育所の現状と問題点』大蔵省印刷局,1991年
5) 総務庁行政監察局編『婦人就業対策等の現状と課題』大蔵省印刷局,1991年
6) 家計経済研究所編『現代核家族の風景』大蔵省印刷局,1991年
7) 日本婦人団体連合会編『婦人白書 1992』ほるぷ出版,1992年
8) 労働省編『労働白書(平成4年版)』日本労働研究機構,1991年

9) 拙稿「母親の就業と家庭生活に関する調査研究（第2報）」『草の根福祉（第18号）』社会福祉研究センター，1990年

第6節　統計表（Ⅱ）

表6-52　家族構成

	N	父・母・子	母・子	祖父・祖母・父・母・子	祖父・祖母・母・子	祖父・父・母・子	祖父・母・子	祖母・父・母・子	祖母・母・子	その他
25歳未満	13	69.2	7.7	0.0	7.7	0.0	0.0	0.0	7.7	7.7
25 ～ 29 歳	88	67.0	8.0	13.6	1.1	0.0	0.0	8.0	0.0	2.3
30 ～ 34 歳	235	65.5	3.0	19.1	1.3	0.0	0.4	8.1	0.0	2.6
35 ～ 39 歳	126	61.9	2.4	25.4	1.6	0.0	0.0	7.1	0.0	1.6
40 歳 以 上	34	70.6	2.9	5.9	2.9	2.9	0.0	11.8	0.0	2.9
核　家　族	345	94.2	5.5	0.0	0.0	0.0	0.0	0.0	0.0	0.3
拡 大 家 族	153	0.0	0.0	60.1	4.6	0.7	0.7	25.5	0.7	7.8
常　　　勤	163	63.8	3.7	18.4	1.8	0.6	0.0	8.6	0.6	2.5
パート・臨時	167	67.7	6.6	15.0	2.4	0.0	0.6	6.0	0.0	1.8
経　営　者	26	73.1	0.0	11.5	0.0	0.0	0.0	15.4	0.0	0.0
家 族 従 業 員	99	56.6	1.0	31.3	0.0	0.0	0.0	6.1	0.0	5.1
手 間 賃 仕 事	22	77.3	0.0	13.6	0.0	0.0	0.0	9.1	0.0	0.0
家で教えている	4	50.0	0.0	0.0	0.0	0.0	0.0	50.0	0.0	0.0
会 社 と 契 約	8	75.0	0.0	12.5	0.0	0.0	0.0	12.5	0.0	0.0
会社に雇われて	7	85.7	14.3	0.0	0.0	0.0	0.0	0.0	0.0	0.0

表6-53　あなたは現在どのような仕事についておられますか。この中ではどれにあたりますか。

	N	常勤	パート臨時	経営者	家族従業者	手間賃仕事	家で教えている	会社と契約	会社に雇われて
25 歳 未 満	13	30.8	46.2	0.0	15.4	0.0	0.0	0.0	7.7
25 ～ 29 歳	87	20.7	37.9	3.4	26.4	5.7	1.1	2.3	2.3
30 ～ 34 歳	235	35.3	32.3	6.0	19.6	3.8	0.0	1.7	1.3
35 ～ 39 歳	125	33.6	32.0	6.4	19.2	4.8	2.4	0.8	0.8
40 歳 以 上	34	47.1	32.4	2.9	8.8	5.9	0.0	2.9	0.0
核　家　族	343	32.1	36.4	5.5	16.6	5.0	0.6	1.7	2.0
拡 大 家 族	153	34.6	27.5	4.6	27.5	3.3	1.3	1.3	0.0
常　　　勤	163	100.0	0.0	0.0	0.0	0.0	0.0	0.0	0.0
パート・臨時	167	0.0	100.0	0.0	0.0	0.0	0.0	0.0	0.0
経　営　者	26	0.0	0.0	100.0	0.0	0.0	0.0	0.0	0.0
家 族 従 業 員	99	0.0	0.0	0.0	100.0	0.0	0.0	0.0	0.0
手 間 賃 仕 事	22	0.0	0.0	0.0	0.0	100.0	0.0	0.0	0.0
家で教えている	4	0.0	0.0	0.0	0.0	0.0	100.0	0.0	0.0
会 社 と 契 約	8	0.0	0.0	0.0	0.0	0.0	0.0	100.0	0.0
会社に雇われて	7	0.0	0.0	0.0	0.0	0.0	0.0	0.0	100.0

表6－54 あなたは学校を出てから，これまで職業とどのようなかかわり方をしてこられましたか。この中からあてはまるものを1つ選んで下さい。

	N	継続型	中断再就職型	中途就職型	その他
25 歳 未 満	13	23.1	69.2	7.7	0.0
25 ～ 29 歳	88	15.9	69.3	6.8	8.0
30 ～ 34 歳	234	35.5	57.3	3.0	4.3
35 ～ 39 歳	125	40.0	50.4	4.0	5.6
40 歳 以 上	34	41.2	44.1	2.9	11.8
核 家 族	344	30.2	61.6	4.1	4.1
拡 大 家 族	152	39.5	47.4	3.9	9.2
常 勤	163	73.0	25.2	1.8	0.0
パート・臨時	166	3.6	88.6	4.2	3.6
経 営 者	26	38.5	50.0	7.7	3.8
家 族 従 業 員	98	25.5	55.1	5.1	14.3
手 間 賃 仕 事	22	4.5	63.6	9.1	22.7
家で教えている	4	50.0	50.0	0.0	0.0
会 社 と 契 約	8	12.5	75.0	0.0	12.5
会社に雇われて	7	0.0	85.7	0.0	14.3

表6－55 あなたの仕事は，「1週間きまって働く」定期的な仕事ですか。それとも，働く日は不定期できまっていませんか。

	N	定期的な仕事	不定期な仕事	その他
25 歳 未 満	13	92.3	7.7	0.0
25 ～ 29 歳	88	71.6	25.0	3.4
30 ～ 34 歳	235	78.7	20.0	1.3
35 ～ 39 歳	126	79.4	19.0	1.6
40 歳 以 上	34	79.4	20.6	0.0
核 家 族	345	78.0	20.3	1.7
拡 大 家 族	153	77.8	20.9	1.3
常 勤	163	98.2	1.8	0.0
パート・臨時	167	84.4	14.4	1.2
経 営 者	26	76.9	19.2	3.8
家 族 従 業 員	99	52.5	42.4	5.1
手 間 賃 仕 事	22	36.4	63.6	0.0
家で教えている	4	100.0	0.0	0.0
会 社 と 契 約	8	12.5	87.5	0.0
会社に雇われて	7	28.6	71.4	0.0

第6章　育児期の母親の就業状況と家庭生活の内実に関する調査　171

表6-56　勤務先（就職場所）はどちらですか。

	N	自宅	自宅以外の市内	市外	その他
25歳未満	13	23.1	76.9	0.0	0.0
25～29歳	88	27.3	60.2	11.4	1.1
30～34歳	234	23.9	59.8	14.5	1.7
35～39歳	125	24.8	64.0	8.0	3.2
40歳以上	34	17.6	67.6	14.7	0.0
核家族	344	20.9	66.6	10.8	1.7
拡大家族	152	31.6	51.3	14.5	2.6
常勤	163	2.5	74.8	22.7	0.0
パート・臨時	165	2.4	84.8	10.9	1.8
経営者	26	50.0	50.0	0.0	0.0
家族従業員	99	64.6	26.3	4.0	5.1
手間賃仕事	22	72.7	18.2	0.0	9.1
家で教えている	4	75.0	25.0	0.0	0.0
会社と契約	8	87.5	12.5	0.0	0.0
会社に雇われて	7	100.0	0.0	0.0	0.0

表6-57　あなたが現在働いているのはどのような理由からですか。この中から主なものを，3つまで選んで下さい。

	N	生計を維持するため	働くのはあたりまえだから	家計費の足しにするため	老後に備えるため	自由に使えるお金を得る	子どもの教育費のため	マイホーム資金づくり	自分の能力技能，資格を生かす
25歳未満	13	53.8	15.4	38.5	0.0	7.7	23.1	30.8	0.0
25～29歳	88	34.1	5.7	48.9	0.0	21.6	22.7	21.6	13.6
30～34歳	235	37.4	10.6	38.3	4.3	15.7	20.9	23.4	26.4
35～39歳	126	40.5	11.1	37.3	3.2	15.9	27.0	19.0	27.0
40歳以上	34	38.2	20.6	44.1	11.8	5.9	35.3	32.4	8.8
核家族	345	36.5	9.9	44.3	2.6	17.4	22.3	23.2	21.4
拡大家族	153	41.2	12.4	31.4	5.9	12.4	26.8	21.6	24.2
常勤	163	59.5	12.9	30.1	7.4	12.9	32.5	35.6	43.6
パート・臨時	167	25.7	3.6	68.3	1.8	21.0	28.1	19.8	10.8
経営者	26	38.5	19.2	3.8	3.8	15.4	3.8	30.8	15.4
家族従業員	99	30.3	17.2	12.1	0.0	4.0	10.1	6.1	6.1
手間賃仕事	22	22.7	9.1	63.6	0.0	40.9	22.7	18.2	31.8
家で教えている	4	0.0	0.0	75.0	0.0	25.0	25.0	25.0	75.0
会社と契約	8	12.5	25.0	37.5	25.0	25.0	12.5	25.0	12.5
会社に雇われて	7	42.9	0.0	42.9	0.0	28.6	0.0	14.3	0.0

	N	視野を広めるため	友人を作るため	仕事が好きだから	時間に余裕があるから	家業だから	その他
25 歳 未 満	13	15.4	0.0	23.1	7.7	7.7	0.0
25 ～ 29 歳	88	13.6	0.0	11.4	9.1	28.4	3.4
30 ～ 34 歳	235	14.9	0.4	13.6	18.7	24.7	2.1
35 ～ 39 歳	126	9.5	2.4	9.5	19.8	23.8	4.8
40 歳 以 上	34	17.6	0.0	2.9	2.9	14.7	2.9
核 家 族	345	14.2	0.9	12.5	17.4	20.3	2.9
拡 大 家 族	153	11.8	0.7	9.8	13.1	32.7	3.3
常 勤	163	12.3	0.6	19.0	1.2	4.3	2.5
パート・臨時	167	22.2	1.2	9.0	31.7	1.2	4.2
経 営 者	26	3.8	0.0	11.5	0.0	88.5	0.0
家 族 従 業 員	99	6.1	0.0	8.1	9.1	88.9	3.0
手 間 賃 仕 事	22	4.5	4.5	4.5	45.5	0.0	0.0
家で教えている	4	25.0	0.0	0.0	25.0	0.0	0.0
会 社 と 契 約	8	12.5	0.0	0.0	25.0	0.0	0.0
会社に雇われて	7	0.0	0.0	0.0	42.9	0.0	14.3

表6-58 あなたの仕事についてのお感じをお聞きします。この4つの項目について，ひとつひとつお答え下さい。
(1) 労働条件（働く時間の長さなど）

	N	満足している	不満である	どちらともいえない
25 歳 未 満	13	76.9	7.7	15.4
25 ～ 29 歳	87	59.8	5.7	34.5
30 ～ 34 歳	234	50.4	17.9	31.6
35 ～ 39 歳	125	45.6	16.0	38.4
40 歳 以 上	33	42.4	27.3	30.3
核 家 族	342	53.2	15.2	31.6
拡 大 家 族	152	45.4	17.1	37.5
常 勤	160	36.9	31.9	31.3
パート・臨時	167	68.3	6.6	25.1
経 営 者	26	57.7	3.8	38.5
家 族 従 業 員	99	41.4	12.1	46.5
手 間 賃 仕 事	21	47.6	0.0	52.4
家で教えている	4	100.0	0.0	0.0
会 社 と 契 約	8	62.5	12.5	25.0
会社に雇われて	7	28.6	28.6	42.9

第6章 育児期の母親の就業状況と家庭生活の内実に関する調査　*173*

表6-59 (2) **仕事の中身**

	N	満足している	不満である	どちらともいえない
25 歳 未 満	13	69.2	7.7	23.1
25 ～ 29 歳	87	48.3	3.4	48.3
30 ～ 34 歳	234	45.7	12.4	41.9
35 ～ 39 歳	126	41.3	16.7	42.1
40 歳 以 上	33	60.6	15.2	24.2
核 家 族	343	46.4	11.7	42.0
拡 大 家 族	152	46.7	13.2	40.1
常 勤	161	47.8	16.8	35.4
パート・臨時	167	43.1	9.0	47.9
経 営 者	26	65.4	11.5	23.1
家 族 従 業 員	99	42.4	11.1	46.5
手 間 賃 仕 事	21	52.4	4.8	42.9
家で教えている	4	100.0	0.0	0.0
会 社 と 契 約	8	75.0	0.0	25.0
会社に雇われて	7	0.0	42.9	57.1

表6-60 (3) **収入・報酬**

	N	満足している	不満である	どちらともいえない
25 歳 未 満	13	38.5	38.5	23.1
25 ～ 29 歳	87	34.5	20.7	44.8
30 ～ 34 歳	234	32.9	31.6	35.5
35 ～ 39 歳	126	27.8	34.9	37.3
40 歳 以 上	33	30.3	36.4	33.3
核 家 族	343	32.7	31.2	36.2
拡 大 家 族	152	30.3	30.9	38.8
常 勤	161	28.0	41.6	30.4
パート・臨時	167	35.3	26.9	37.7
経 営 者	26	53.8	15.4	30.8
家 族 従 業 員	99	25.3	27.3	47.5
手 間 賃 仕 事	21	33.3	33.3	33.3
家で教えている	4	75.0	25.0	0.0
会 社 と 契 約	8	25.0	25.0	50.0
会社に雇われて	7	28.6	14.3	57.1

表 6-61 (4) 人間関係

	N	満足している	不満である	どちらともいえない
25 歳 未 満	13	53.8	7.7	38.5
25 ～ 29 歳	87	51.7	8.0	40.2
30 ～ 34 歳	234	51.7	9.4	38.9
35 ～ 39 歳	126	54.0	12.7	33.3
40 歳 以 上	33	51.5	9.1	39.4
核 家 族	343	50.7	10.8	38.5
拡 大 家 族	152	55.3	8.6	36.2
常 勤	161	49.1	18.0	32.9
パート・臨時	167	51.5	9.0	39.5
経 営 者	26	61.5	7.7	30.8
家 族 従 業 員	99	56.6	4.0	39.4
手 間 賃 仕 事	21	52.4	0.0	47.6
家で教えている	4	100.0	0.0	0.0
会 社 と 契 約	8	62.5	0.0	37.5
会社に雇われて	7	0.0	0.0	100.0

表 6-62 全体としてみたら，あなたは今の仕事にどの程度満足していますか。

	N	満足	まあ満足	どちらともいえない	やや不満	不満
25 歳 未 満	13	23.1	46.2	23.1	7.7	0.0
25 ～ 29 歳	87	13.8	47.1	25.3	13.8	0.0
30 ～ 34 歳	234	11.1	43.2	26.5	17.1	2.1
35 ～ 39 歳	126	16.7	42.9	21.4	13.5	5.6
40 歳 以 上	33	6.1	45.5	27.3	18.2	3.0
核 家 族	343	13.1	44.0	24.5	16.0	2.3
拡 大 家 族	152	12.5	44.1	25.7	13.8	3.9
常 勤	161	9.3	47.8	23.0	17.4	2.5
パート・臨時	167	15.6	43.7	25.1	13.2	2.4
経 営 者	26	23.1	46.2	11.5	15.4	3.8
家 族 従 業 員	99	13.1	34.3	34.3	13.1	5.1
手 間 賃 仕 事	21	14.3	52.4	9.5	23.8	0.0
家で教えている	4	25.0	75.0	0.0	0.0	0.0
会 社 と 契 約	8	0.0	62.5	25.0	12.5	0.0
会社に雇われて	7	0.0	14.3	42.9	42.9	0.0

第6章 育児期の母親の就業状況と家庭生活の内実に関する調査

表6-63 あなたは，今の仕事を今後も続けたいとお考えですか。

	N	将来もずっと続けたい	当分の間は続けたい	やめたい	わからない	その他
25歳未満	13	30.8	46.2	15.4	7.7	0.0
25～29歳	87	14.9	60.9	9.2	11.5	3.4
30～34歳	234	26.9	48.7	9.8	12.0	2.6
35～39歳	126	28.6	52.4	9.5	8.7	0.8
40歳以上	33	18.2	63.6	6.1	9.1	3.0
核家族	343	23.9	53.1	9.6	10.8	2.6
拡大家族	152	26.3	51.3	9.9	11.2	1.3
常勤	161	41.0	44.7	8.7	5.0	0.6
パート・臨時	167	10.8	68.9	7.2	11.4	1.8
経営者	26	42.3	34.6	11.5	7.7	3.8
家族従業員	99	19.2	40.4	16.2	19.2	5.1
手間賃仕事	21	14.3	71.4	4.8	4.8	4.8
家で教えている	4	25.0	50.0	0.0	25.0	0.0
会社と契約	8	37.5	50.0	12.5	0.0	0.0
会社に雇われて	7	0.0	42.9	14.3	42.9	0.0

表6-64 「3．やめたい」と答えた方におうかがいします。それはどのような理由からでしょうか。該当する番号をすべて○で囲んで下さい。

	N	仕事そのものに不満	出産のため	老人・病人の介護	家族の反対	自分の健康状態が不良	子どもの世話を自分で	家事負担が重いため	育児負担が重いため	その他	MT
25歳未満	2	50.0	50.0	0.0	0.0	0.0	0.0	0.0	0.0	0.0	100.0
25～29歳	8	37.5	25.0	0.0	12.5	12.5	25.0	37.5	37.5	37.5	225.0
30～34歳	23	34.8	4.3	0.0	4.3	17.4	26.1	21.7	17.4	43.5	169.5
35～39歳	12	50.0	0.0	0.0	0.0	16.7	33.3	25.0	16.7	33.3	175.0
40歳以上	2	0.0	0.0	0.0	0.0	100.0	0.0	50.0	0.0	50.0	200.0
核家族	33	39.4	9.1	0.0	6.1	15.2	30.3	27.3	21.2	39.4	188.0
拡大家族	15	40.0	6.7	0.0	0.0	13.3	26.7	20.0	13.3	33.3	153.3
常勤	14	21.4	0.0	0.0	0.0	7.1	57.1	35.7	28.6	35.7	185.6
パート・臨時	12	58.3	8.3	0.0	8.3	33.3	25.0	8.3	8.3	16.7	166.5
経営者	3	33.3	0.0	0.0	0.0	0.0	0.0	66.7	33.3	33.3	166.6
家族従業員	16	43.8	12.5	0.0	0.0	6.3	12.5	18.8	18.8	56.3	169.0
手間賃仕事	1	0.0	0.0	0.0	0.0	0.0	0.0	0.0	0.0	100.0	100.0
家で教えている	0	0.0	0.0	0.0	0.0	0.0	0.0	0.0	0.0	0.0	0.0
会社と契約	1	100.0	0.0	0.0	100.0	100.0	100.0	100.0	0.0	0.0	500.0
会社に雇われて	1	0.0	100.0	0.0	0.0	0.0	0.0	0.0	0.0	0.0	100.0

表6-65 あなたの夫は、日頃、育児・家事にどの程度協力しておられますか。
(1) 育児

	N	毎日協力している	ある程度協力している	あまり協力していない	まったく協力していない
25 歳 未 満	11	18.2	54.5	18.2	9.1
25 ～ 29 歳	79	31.6	43.0	21.5	3.8
30 ～ 34 歳	223	22.4	44.4	28.7	4.5
35 ～ 39 歳	121	21.5	38.8	32.2	7.4
40 歳 以 上	32	15.6	40.6	31.3	12.5
核 家 族	325	24.9	44.6	25.2	5.2
拡 大 家 族	143	18.9	38.5	35.7	7.0
常 勤	152	32.9	41.4	21.7	3.9
パート・臨時	153	15.7	45.1	32.0	7.2
経 営 者	26	23.1	42.3	30.8	3.8
家族従業員	96	22.9	36.5	33.3	7.3
手 間 賃 仕 事	22	13.6	59.1	22.7	4.5
家で教えている	4	50.0	25.0	25.0	0.0
会 社 と 契 約	7	0.0	42.9	57.1	0.0
会社に雇われて	6	16.7	50.0	16.7	16.7

表6-66 (2) 家事～とくに掃除～

	N	毎日協力している	ある程度協力している	あまり協力していない	まったく協力していない
25 歳 未 満	11	0.0	18.2	54.5	27.3
25 ～ 29 歳	79	2.5	24.1	24.1	49.4
30 ～ 34 歳	223	1.8	27.4	29.6	41.3
35 ～ 39 歳	121	5.0	18.2	32.2	44.6
40 歳 以 上	32	0.0	21.9	31.3	46.9
核 家 族	325	2.8	24.9	32.6	39.7
拡 大 家 族	143	2.1	21.7	23.8	52.4
常 勤	152	4.6	30.3	32.2	32.9
パート・臨時	153	2.0	18.3	28.8	51.0
経 営 者	26	0.0	26.9	34.6	38.5
家族従業員	96	2.1	22.9	26.0	49.0
手 間 賃 仕 事	22	0.0	18.2	31.8	50.0
家で教えている	4	0.0	25.0	50.0	25.0
会 社 と 契 約	7	0.0	14.3	28.6	57.1
会社に雇われて	6	0.0	33.3	16.7	50.0

第6章 育児期の母親の就業状況と家庭生活の内実に関する調査　177

表6-67 (3) 家事〜とくに洗濯〜

	N	毎日協力している	ある程度協力している	あまり協力していない	まったく協力していない
25歳未満	11	9.1	18.2	9.1	63.6
25〜29歳	79	2.5	7.6	19.0	70.9
30〜34歳	223	4.5	15.7	10.8	69.1
35〜39歳	121	4.1	4.1	24.8	66.9
40歳以上	32	6.3	12.5	9.4	71.9
核家族	325	4.3	11.4	17.2	67.1
拡大家族	143	4.2	10.5	11.9	73.4
常勤	152	7.9	22.4	18.4	51.3
パート・臨時	153	2.0	4.6	13.7	79.7
経営者	26	7.7	11.5	0.0	80.8
家族従業員	96	3.1	6.3	15.6	75.0
手間賃仕事	22	0.0	9.1	22.7	68.2
家で教えている	4	0.0	0.0	50.0	50.0
会社と契約	7	0.0	0.0	0.0	100.0
会社に雇われて	6	0.0	0.0	16.7	83.3

表6-68 (4) 家事〜とくに朝食のしたく〜

	N	毎日協力している	ある程度協力している	あまり協力していない	まったく協力していない
25歳未満	11	0.0	18.2	0.0	81.8
25〜29歳	78	3.8	10.3	16.7	69.2
30〜34歳	223	3.6	12.6	18.4	65.5
35〜39歳	121	0.8	12.4	24.0	62.8
40歳以上	32	3.1	6.3	18.8	71.9
核家族	324	2.2	12.7	20.1	65.1
拡大家族	143	4.2	9.8	16.8	69.2
常勤	152	2.0	15.8	27.6	54.6
パート・臨時	153	2.0	9.2	13.7	75.2
経営者	26	3.8	15.4	19.2	61.5
家族従業員	96	5.2	9.4	14.6	70.8
手間賃仕事	22	4.5	18.2	13.6	63.6
家で教えている	4	0.0	0.0	75.0	25.0
会社と契約	7	0.0	0.0	0.0	100.0
会社に雇われて	6	0.0	0.0	16.7	83.3

表6-69 (5) 家事～とくに夕食のしたく～

	N	毎日協力している	ある程度協力している	あまり協力していない	まったく協力していない
25歳未満	11	0.0	18.2	9.1	72.7
25～29歳	79	0.0	15.2	22.8	62.0
30～34歳	223	2.7	15.7	18.8	62.8
35～39歳	121	1.7	14.0	18.2	66.1
40歳以上	32	0.0	9.4	12.5	78.1
核家族	325	1.2	15.7	19.7	63.4
拡大家族	143	2.8	12.6	16.1	68.5
常勤	152	1.3	21.7	18.4	58.6
パート・臨時	153	2.0	11.1	17.6	69.3
経営者	26	0.0	15.4	19.2	65.4
家族従業員	96	2.1	11.5	18.8	67.7
手間賃仕事	22	4.5	18.2	18.2	59.1
家で教えている	4	0.0	0.0	75.0	25.0
会社と契約	7	0.0	0.0	0.0	100.0
会社に雇われて	6	0.0	0.0	16.7	83.3

表6-70 (6) 家事～とくに日用品の買物～

	N	毎日協力している	ある程度協力している	あまり協力していない	まったく協力していない
25歳未満	11	0.0	27.3	36.4	36.4
25～29歳	79	2.5	43.0	34.2	20.3
30～34歳	223	3.6	40.8	26.5	29.1
35～39歳	121	1.7	31.4	32.2	34.7
40歳以上	32	0.0	31.3	34.4	34.4
核家族	325	2.2	39.1	30.2	28.6
拡大家族	143	4.2	34.3	29.4	32.2
常勤	152	2.6	39.5	33.6	24.3
パート・臨時	153	2.0	35.9	28.8	33.3
経営者	26	7.7	38.5	19.2	34.6
家族従業員	96	4.2	32.3	31.3	32.3
手間賃仕事	22	0.0	59.1	22.7	18.2
家で教えている	4	0.0	75.0	25.0	0.0
会社と契約	7	0.0	0.0	57.1	42.9
会社に雇われて	6	0.0	66.7	0.0	33.3

表6－71 ご夫婦の関係についておたずねします。
(1) あなたが働くことについて夫は理解してくれていると思いますか。

	N	非常に 理解している	まあまあ 理解している	あまり 理解していない	ほとんど 理解していない
25 歳 未 満	11	45.5	45.5	0.0	9.1
25 ～ 29 歳	79	39.2	54.4	3.8	2.5
30 ～ 34 歳	223	42.6	48.0	7.2	2.2
35 ～ 39 歳	121	43.8	47.1	8.3	0.8
40 歳 以 上	31	25.8	58.1	9.7	6.5
核 家 族	325	40.6	48.6	7.7	3.1
拡 大 家 族	142	43.0	51.4	4.9	0.7
常 勤	151	49.7	45.0	3.3	2.0
パート・臨時	153	25.5	62.7	9.8	2.0
経 営 者	26	61.5	34.6	0.0	3.8
家 族 従 業 員	96	57.3	32.3	7.3	3.1
手 間 賃 仕 事	22	9.1	77.3	13.6	0.0
家で教えている	4	25.0	75.0	0.0	0.0
会 社 と 契 約	7	28.6	57.1	0.0	14.3
会社に雇われて	6	50.0	33.3	16.7	0.0

表6－72 (2) 夫婦の家事分担の現状について満足されていますか。

	N	満足している	どちらかというと 満足している	どちらかというと 不満である	不満である
25 歳 未 満	11	27.3	18.2	27.3	27.3
25 ～ 29 歳	79	22.8	32.9	34.2	10.1
30 ～ 34 歳	223	17.5	31.4	35.0	16.1
35 ～ 39 歳	121	20.7	30.6	28.1	20.7
40 歳 以 上	32	15.6	31.3	28.1	25.0
核 家 族	325	20.6	29.5	33.5	16.3
拡 大 家 族	143	16.8	35.0	29.4	18.9
常 勤	152	14.5	32.2	33.6	19.7
パート・臨時	153	19.0	29.4	33.3	18.3
経 営 者	26	34.6	30.8	19.2	15.4
家 族 従 業 員	96	20.8	31.3	32.3	15.6
手 間 賃 仕 事	22	18.2	36.4	36.4	9.1
家で教えている	4	25.0	50.0	25.0	0.0
会 社 と 契 約	7	28.6	42.9	28.6	0.0
会社に雇われて	6	50.0	16.7	33.3	0.0

表6-73 (3) 夫のあなたへの愛情, 思いやりについて満足されていますか。

	N	満足している	どちらかというと満足している	どちらかというと不満である	不満である
25歳未満	11	18.2	36.4	18.2	27.3
25～29歳	79	25.3	50.6	20.3	3.8
30～34歳	223	26.5	43.0	19.7	10.8
35～39歳	121	31.4	32.2	23.1	13.2
40歳以上	32	15.6	40.6	31.3	12.5
核家族	325	28.0	40.6	21.2	10.2
拡大家族	143	23.8	42.0	22.4	11.9
常勤	152	31.6	41.4	19.7	7.2
パート・臨時	153	20.9	45.8	19.0	14.4
経営者	26	42.3	26.9	26.9	3.8
家族従業員	96	20.8	37.5	27.1	14.6
手間賃仕事	22	36.4	31.8	27.3	4.5
家で教えている	4	25.0	25.0	50.0	0.0
会社と契約	7	28.6	71.4	0.0	0.0
会社に雇われて	6	33.3	33.3	16.7	16.7

表6-74 (4) 夫とはよく話をされますか。

	N	よく話をする	どちらかというとよく話をする	どちらかというとあまり話をしない	ほとんど話をしない
25歳未満	11	54.5	18.2	18.2	9.1
25～29歳	79	48.1	32.9	16.5	2.5
30～34歳	223	44.4	32.3	19.3	4.0
35～39歳	121	48.8	27.3	20.7	3.3
40歳以上	32	18.8	43.8	34.4	3.1
核家族	325	46.8	30.8	18.5	4.0
拡大家族	143	39.9	32.9	23.8	3.5
常勤	152	46.7	31.6	19.1	2.6
パート・臨時	153	39.2	33.3	20.3	7.2
経営者	26	65.4	15.4	19.2	0.0
家族従業員	96	41.7	33.3	22.9	2.1
手間賃仕事	22	54.5	36.4	9.1	0.0
家で教えている	4	50.0	0.0	50.0	0.0
会社と契約	7	42.9	42.9	14.3	0.0
会社に雇われて	6	66.7	0.0	16.7	16.7

表6-75 「男は仕事,女は家庭」という考え方がありますが,あなたはこの考えをどのように思いますか。

	N	もっともだと思う	どちらともいえない	そうは思わない
25 歳 未 満	13	23.1	38.5	38.5
25 ～ 29 歳	88	5.7	47.7	46.6
30 ～ 34 歳	234	5.6	39.3	55.1
35 ～ 39 歳	124	11.3	36.3	52.4
40 歳 以 上	34	5.9	41.2	52.9
核 家 族	343	7.0	41.4	51.6
拡 大 家 族	152	8.6	38.2	53.3
常 勤	161	4.3	30.4	65.2
パート・臨時	167	5.4	42.5	52.1
経 営 者	25	12.0	48.0	40.0
家 族 従 業 員	99	9.1	45.5	45.5
手 間 賃 仕 事	22	9.1	68.2	22.7
家で教えている	4	50.0	0.0	50.0
会 社 と 契 約	8	25.0	50.0	25.0
会社に雇われて	7	28.6	57.1	14.3

表6-76 あなたは自分の健康のことで悩むことがありますか。

	N	ある	たまにある	あまりない	ない
25 歳 未 満	13	0.0	46.2	30.8	23.1
25 ～ 29 歳	86	11.6	46.5	22.1	19.8
30 ～ 34 歳	235	11.9	47.2	30.6	10.2
35 ～ 39 歳	126	21.4	50.0	21.4	7.1
40 歳 以 上	34	20.6	61.8	11.8	5.9
核 家 族	344	14.2	49.4	25.3	11.0
拡 大 家 族	152	15.1	46.7	26.3	11.8
常 勤	163	17.8	48.5	27.0	6.7
パート・臨時	167	13.2	49.1	25.7	12.0
経 営 者	26	15.4	46.2	23.1	15.4
家 族 従 業 員	98	12.2	49.0	21.4	17.3
手 間 賃 仕 事	22	13.6	59.1	27.3	0.0
家で教えている	3	0.0	33.3	33.3	33.3
会 社 と 契 約	8	12.5	50.0	12.5	25.0
会社に雇われて	7	14.3	28.6	57.1	0.0

表6-77 あなたは家族の健康のことで悩むことがありますか。

	N	ある	たまにある	あまりない	ない
25 歳 未 満	13	23.1	53.8	15.4	7.7
25 ～ 29 歳	88	28.4	50.0	15.9	5.7
30 ～ 34 歳	235	26.8	57.0	13.6	2.6
35 ～ 39 歳	126	33.3	46.0	19.8	0.8
40 歳 以 上	34	23.5	61.8	14.7	0.0
核 家 族	345	25.8	55.4	15.7	3.2
拡 大 家 族	153	34.0	48.4	15.7	2.0
常 勤	163	33.1	48.5	16.6	1.8
パート・臨時	167	21.6	58.7	16.8	3.0
経 営 者	26	30.8	50.0	19.2	0.0
家 族 従 業 員	99	28.3	57.6	10.1	4.0
手 間 賃 仕 事	22	50.0	27.3	22.7	0.0
家で教えている	4	25.0	50.0	25.0	0.0
会 社 と 契 約	8	12.5	87.5	0.0	0.0
会社に雇われて	7	28.6	42.9	14.3	14.3

表6-78 あなたは老人介護のことで悩むことがありますか。

	N	ある	たまにある	あまりない	ない
25 歳 未 満	13	7.7	15.4	23.1	53.8
25 ～ 29 歳	88	5.7	17.0	27.3	50.0
30 ～ 34 歳	235	5.1	26.0	34.0	34.9
35 ～ 39 歳	126	19.0	27.8	20.6	32.5
40 歳 以 上	34	23.5	20.6	26.5	29.4
核 家 族	345	8.4	20.6	27.5	43.5
拡 大 家 族	153	13.7	32.0	31.4	22.9
常 勤	163	13.5	25.2	28.8	32.5
パート・臨時	167	8.4	19.2	27.5	44.9
経 営 者	26	7.7	30.8	26.9	34.6
家 族 従 業 員	99	7.1	26.3	36.4	30.3
手 間 賃 仕 事	22	22.7	36.4	13.6	27.3
家で教えている	4	0.0	50.0	0.0	50.0
会 社 と 契 約	8	0.0	12.5	12.5	75.0
会社に雇われて	7	0.0	14.3	42.9	42.9

表6-79 あなたは自分の仕事のことで悩むことがありますか。

	N	ある	たまにある	あまりない	ない
25歳未満	13	7.7	84.6	0.0	7.7
25～29歳	88	15.9	43.2	21.6	19.3
30～34歳	235	23.0	45.1	23.4	8.5
35～39歳	126	23.8	41.3	25.4	9.5
40歳以上	33	24.2	30.3	30.3	15.2
核家族	344	21.8	42.2	25.3	10.8
拡大家族	153	21.6	47.1	19.0	12.4
常勤	163	31.3	49.7	16.6	2.5
パート・臨時	166	16.3	42.2	28.3	13.3
経営者	26	19.2	42.3	19.2	19.2
家族従業員	99	18.2	38.4	25.3	18.2
手間賃仕事	22	18.2	54.5	22.7	4.5
家で教えている	4	0.0	75.0	25.0	0.0
会社と契約	8	25.0	12.5	25.0	37.5
会社に雇われて	7	14.3	14.3	42.9	28.6

表6-80 あなたの夫の仕事のことで悩むことがありますか。

	N	ある	たまにある	あまりない	ない
25歳未満	10	10.0	60.0	20.0	10.0
25～29歳	79	10.1	34.2	30.4	25.3
30～34歳	226	13.3	29.2	31.4	26.1
35～39歳	120	15.0	30.0	35.0	20.0
40歳以上	31	9.7	35.5	29.0	25.8
師核家族	326	13.2	31.9	30.4	24.5
拡大家族	142	12.0	29.6	35.2	23.2
常勤	152	9.9	22.4	40.8	27.0
パート・臨時	153	10.5	28.1	34.0	27.5
経営者	26	15.4	42.3	23.1	19.2
家族従業員	96	18.8	42.7	20.8	17.7
手間賃仕事	22	13.6	59.1	13.6	13.6
家で教えている	4	25.0	0.0	50.0	25.0
会社と契約	7	0.0	57.1	28.6	14.3
会社に雇われて	6	50.0	0.0	16.7	33.3

表6-81　あなたは経済問題のことで悩むことがありますか。

	N	ある	たまにある	あまりない	ない
25 歳 未 満	13	30.8	23.1	38.5	7.7
25 ～ 29 歳	88	28.4	42.0	20.5	9.1
30 ～ 34 歳	235	29.4	37.0	21.7	11.9
35 ～ 39 歳	126	28.6	33.3	29.4	8.7
40 歳 以 上	34	32.4	20.6	32.4	14.7
核 家 族	345	29.6	35.1	24.3	11.0
拡 大 家 族	153	28.1	36.6	24.8	10.5
常 勤	163	24.5	32.5	29.4	13.5
パ ー ト ・ 臨 時	167	33.5	31.7	25.7	9.0
経 営 者	26	30.8	30.8	23.1	15.4
家 族 従 業 員	99	24.2	49.5	17.2	9.1
手 間 賃 仕 事	22	45.5	31.8	22.7	0.0
家で教えている	4	25.0	50.0	25.0	0.0
会 社 と 契 約	8	37.5	37.5	12.5	12.5
会社に雇われて	7	42.9	14.3	0.0	42.9

表6-82　あなたは子どもの教育のことで悩むことがありますか。

	N	ある	たまにある	あまりない	ない
25 歳 未 満	13	38.5	38.5	23.1	0.0
25 ～ 29 歳	88	28.4	43.2	23.9	4.5
30 ～ 34 歳	235	31.9	43.0	20.4	4.7
35 ～ 39 歳	126	43.7	41.3	11.9	3.2
40 歳 以 上	34	32.4	35.3	32.4	0.0
核 家 族	345	33.9	41.4	20.3	4.3
拡 大 家 族	153	35.9	43.1	18.3	2.6
常 勤	163	33.1	38.7	25.2	3.1
パ ー ト ・ 臨 時	167	34.7	41.9	18.0	5.4
経 営 者	26	26.9	53.8	11.5	7.7
家 族 従 業 員	99	36.4	47.5	16.2	0.0
手 間 賃 仕 事	22	45.5	36.4	13.6	4.5
家で教えている	4	25.0	25.0	25.0	25.0
会 社 と 契 約	8	50.0	37.5	12.5	0.0
会社に雇われて	7	28.6	28.6	28.6	14.3

表6-83 あなたは夫婦の関係のことで悩むことがありますか。

	N	ある	たまにある	あまりない	ない
25歳未満	10	0.0	40.0	40.0	20.0
25～29歳	79	8.9	35.4	31.6	24.1
30～34歳	224	13.8	28.1	33.9	24.1
35～39歳	121	12.4	23.1	38.8	25.6
40歳以上	31	9.7	32.3	29.0	29.0
核家族	326	10.7	27.9	35.0	26.4
拡大家族	141	14.9	29.8	33.3	22.0
常勤	151	13.2	27.2	35.8	23.8
パート・臨時	152	10.5	25.7	37.5	26.3
経営者	26	15.4	23.1	26.9	34.6
家族従業員	97	12.4	35.1	34.0	18.6
手間賃仕事	22	9.1	31.8	22.7	36.4
家で教えている	4	25.0	50.0	0.0	25.0
会社と契約	7	0.0	42.9	28.6	28.6
会社に雇われて	6	16.7	0.0	33.3	50.0

表6-84 あなたは嫁姑の関係のことで悩むことがありますか。

	N	ある	たまにある	あまりない	ない
25歳未満	13	23.1	7.7	38.5	30.8
25～29歳	83	15.7	28.9	27.7	27.7
30～34歳	233	16.7	27.5	25.8	30.0
35～39歳	123	25.2	23.6	29.3	22.0
40歳以上	33	9.1	24.2	18.2	48.5
核家族	338	15.1	21.6	27.8	35.5
拡大家族	149	25.5	35.6	24.8	14.1
常勤	158	17.7	19.0	30.4	32.9
パート・臨時	162	16.0	30.2	29.0	24.7
経営者	26	23.1	23.1	19.2	34.6
家族従業員	99	20.2	32.3	23.2	24.2
手間賃仕事	22	27.3	31.8	18.2	22.7
家で教えている	4	25.0	0.0	50.0	25.0
会社と契約	8	12.5	12.5	25.0	50.0
会社に雇われて	6	16.7	16.7	0.0	66.7

表6-85 あなたは親戚との関係のことで悩むことがありますか。

	N	ある	たまにある	あまりない	ない
25歳未満	13	7.7	38.5	23.1	30.8
25～29歳	88	8.0	26.1	31.8	34.1
30～34歳	234	10.7	21.8	39.7	27.8
35～39歳	126	10.3	18.3	40.5	31.0
40歳以上	34	11.8	14.7	47.1	26.5
核家族	344	10.2	19.8	37.8	32.3
拡大家族	153	9.8	26.1	39.9	24.2
常勤	163	6.7	13.5	49.1	30.7
パート・臨時	167	7.2	26.9	35.3	30.5
経営者	26	23.1	19.2	23.1	34.6
家族従業員	99	15.2	21.2	33.3	30.3
手間賃仕事	22	27.3	31.8	27.3	13.6
家で教えている	4	0.0	50.0	50.0	0.0
会社と契約	8	0.0	62.5	25.0	12.5
会社に雇われて	6	0.0	16.7	50.0	33.3

表6-86 あなたは悩みごとがあるとき、相談相手がいますか。

	N	いる	悩みごとによる	いない
25歳未満	13	76.9	15.4	7.7
25～29歳	88	54.5	38.6	6.8
30～34歳	235	62.6	33.6	3.8
35～39歳	126	59.5	33.3	7.1
40歳以上	34	55.9	35.3	8.8
核家族	345	59.7	34.8	5.5
拡大家族	153	61.4	32.0	6.5
常勤	163	64.4	30.7	4.9
パート・臨時	167	61.1	32.3	6.6
経営者	26	50.0	38.5	11.5
家族従業員	99	57.6	36.4	6.1
手間賃仕事	22	50.0	50.0	0.0
家で教えている	4	100.0	0.0	0.0
会社と契約	8	37.5	62.5	0.0
会社に雇われて	7	42.9	42.9	14.3

第6章 育児期の母親の就業状況と家庭生活の内実に関する調査

表6-87 主にどなたに相談されますか。2つまで選んで下さい。

	N	夫	友達	近所の人	親	きょうだい	親戚の人	職場の人	その他
25歳未満	12	50.0	58.3	0.0	41.7	16.7	0.0	16.7	8.3
25～29歳	82	64.6	47.6	2.4	47.6	23.2	3.7	2.4	2.4
30～34歳	226	71.2	43.8	3.1	42.5	16.4	1.3	9.7	3.1
35～39歳	117	72.6	33.3	1.7	26.5	25.6	2.6	17.9	5.1
40歳以上	31	58.1	35.5	3.2	29.0	35.5	6.5	19.4	0.0
核家族	326	67.5	46.6	3.1	35.0	22.4	1.5	10.7	2.5
拡大家族	143	72.7	30.1	1.4	46.9	18.2	4.2	12.6	5.6
常勤	155	75.5	34.8	0.0	34.2	18.7	1.3	25.8	3.2
パート・臨時	156	61.5	45.5	3.8	34.6	28.8	2.6	5.1	5.1
経営者	23	82.6	47.8	0.0	30.4	13.0	0.0	4.3	0.0
家族従業員	93	66.7	47.3	5.4	52.7	15.1	4.3	1.1	1.1
手間賃仕事	22	68.2	36.4	4.5	45.5	27.3	0.0	0.0	9.1
家で教えている	4	75.0	25.0	0.0	75.0	0.0	0.0	25.0	0.0
会社と契約	8	87.5	75.0	0.0	0.0	12.5	12.5	12.5	0.0
会社に雇われて	6	83.3	0.0	0.0	66.7	0.0	0.0	16.7	0.0

表6-88 困ったとき何ども心をうちあけて話しあえる人がほしいと思いますか。

	N	ほしいと思う	ほしいと思わない（困りごとは自分で始末できる）	ほしいと思わない（人に話したくない）	わからない
25歳未満	1	0.0	100.0	0.0	0.0
25～29歳	6	83.3	16.7	0.0	0.0
30～34歳	9	66.7	0.0	33.3	0.0
35～39歳	9	55.6	22.2	22.2	0.0
40歳以上	3	66.7	0.0	33.3	0.0
核家族	19	47.4	21.1	31.6	0.0
拡大家族	10	100.0	0.0	0.0	0.0
常勤	8	75.0	12.5	12.5	0.0
パート・臨時	11	72.7	0.0	27.3	0.0
経営者	3	0.0	66.7	33.3	0.0
家族従業員	6	66.7	16.7	16.7	0.0
手間賃仕事	0	0.0	0.0	0.0	0.0
家で教えている	0	0.0	0.0	0.0	0.0
会社と契約	0	0.0	0.0	0.0	0.0
会社に雇われて	1	100.0	0.0	0.0	0.0

表6-89 あなたは日頃の自分の健康状態について，どのように感じていらっしゃいますか。この中ではどうでしょうか。

	N	健康である	まあ健康である	やや思わしくない	思わしくない
25 歳 未 満	13	23.1	61.5	15.4	0.0
25 ～ 29 歳	87	31.0	58.6	10.3	0.0
30 ～ 34 歳	235	20.9	66.0	11.5	1.7
35 ～ 39 歳	126	18.3	58.7	21.4	1.6
40 歳 以 上	34	14.7	58.8	20.6	5.9
核 家 族	344	20.9	62.8	14.5	1.7
拡 大 家 族	153	22.9	61.4	14.4	1.3
常 勤	163	16.6	68.7	12.9	1.8
パート・臨時	167	25.1	57.5	16.2	1.2
経 営 者	25	24.0	64.0	12.0	0.0
家 族 従 業 員	99	22.2	58.6	17.2	2.0
手 間 賃 仕 事	22	18.2	68.2	13.6	0.0
家で教えている	4	0.0	100.0	0.0	0.0
会 社 と 契 約	8	37.5	50.0	12.5	0.0
会社に雇われて	7	14.3	71.4	0.0	14.3

表6-90 あなたは，健康が思わしくない理由は何だと考えていますか。該当する番号をすべて○で囲んで下さい。

	N	医師から診断された慢性的な持病	からだがもともと弱い	慢性的な身体的疲労	精神的ストレス	不規則な生活	その他	MT
25 歳 未 満	2	50.0	0.0	50.0	50.0	50.0	0.0	200.0
25 ～ 29 歳	9	33.3	11.1	22.2	77.8	22.2	11.1	177.7
30 ～ 34 歳	31	45.2	25.8	51.6	61.3	25.8	16.1	225.8
35 ～ 39 歳	29	13.8	0.0	51.7	86.2	24.1	0.0	175.8
40 歳 以 上	9	22.2	22.2	55.6	33.3	11.1	11.1	155.5
核 家 族	56	32.1	17.9	41.1	62.5	23.2	10.7	187.5
拡 大 家 族	24	25.0	4.2	66.7	83.3	25.0	4.2	208.4
常 勤	24	37.5	8.3	79.2	79.2	25.0	4.2	233.4
パート・臨時	29	27.6	17.2	37.9	69.0	24.1	3.4	179.2
経 営 者	3	33.3	33.3	33.3	100.0	66.7	0.0	266.6
家 族 従 業 員	19	26.3	10.5	36.8	52.6	21.1	26.3	173.6
手 間 賃 仕 事	3	33.3	0.0	33.3	33.3	0.0	0.0	99.9
家で教えている	0	0.0	0.0	0.0	0.0	0.0	0.0	0.0
会 社 と 契 約	1	0.0	100.0	0.0	100.0	0.0	0.0	200.0
会社に雇われて	1	0.0	0.0	0.0	100.0	0.0	0.0	100.0

第6章 育児期の母親の就業状況と家庭生活の内実に関する調査　189

表6-91　近頃このようなことを感じますか。ありましたらいくつでもあげて下さい。

	N	気持ちがたかぶりイライラする	ささいなことが気になる	なんとなくやる気がしない	気が散って集中できない	もの忘れをするようになった	何かみたされない, さびしい	何かに追われるような感じ	気持ちの浮きしずみがはげしい	気疲れがひどい	その他	MT
25歳未満	13	46.2	15.4	7.7	0.0	7.7	38.5	7.7	23.1	46.2	0.0	192.5
25～29歳	88	45.5	25.0	28.4	6.8	19.3	22.7	10.2	18.2	20.5	2.3	198.9
30～34歳	235	46.8	31.9	22.1	6.4	37.9	20.9	13.2	22.6	29.8	3.4	235.0
35～39歳	126	40.5	29.4	30.2	7.1	38.9	19.8	11.1	15.1	33.3	0.8	226.2
40歳以上	34	23.5	20.6	23.5	5.9	64.7	14.7	8.8	2.9	29.4	0.0	194.0
核家族	345	43.5	30.1	26.1	7.0	34.2	20.3	10.4	18.3	25.5	2.0	217.4
拡大家族	153	43.1	25.5	22.9	5.2	39.2	22.2	14.4	19.0	37.9	2.6	232.0
常勤	163	42.9	25.2	27.0	5.5	39.9	18.4	20.9	12.3	36.2	2.5	230.8
パート・臨時	167	38.3	26.3	21.6	4.8	34.1	21.6	7.2	21.6	31.1	1.2	207.8
経営者	26	46.2	34.6	19.2	7.7	34.6	7.7	3.8	19.2	19.2	3.8	196.0
家族従業員	99	50.5	39.4	28.3	8.1	32.3	28.3	7.1	26.3	27.3	3.0	250.6
手間賃仕事	22	63.6	27.3	31.8	13.6	45.5	27.3	9.1	18.2	9.1	0.0	245.5
家で教えている	4	25.0	0.0	25.0	0.0	50.0	0.0	0.0	0.0	0.0	0.0	100.0
会社と契約	8	25.0	37.5	25.0	12.5	37.5	12.5	25.0	12.5	12.5	0.0	200.0
会社に雇われて	7	42.9	14.3	28.6	14.3	0.0	14.3	0.0	0.0	0.0	0.0	114.4

表6－92　最近，からだの調子はいかがですか。この中に当てはまるものがありましたら，いくつでもあげて下さい。

	N	ふとり過ぎ	血圧が高い	血圧が低い	からだがだるい	疲れやすい	頭痛がする	肩こりがひどい	腰痛がある
25歳未満	13	46.2	0.0	23.1	23.1	53.8	23.1	53.8	0.0
25～29歳	88	15.9	2.3	14.8	19.3	42.0	17.0	38.6	19.3
30～34歳	235	23.4	1.7	12.8	26.8	40.4	22.6	42.1	26.8
35～39歳	126	31.0	0.8	19.8	27.8	47.6	23.0	41.3	34.9
40歳以上	34	47.1	2.9	20.6	29.4	41.2	14.7	32.4	32.4
核家族	345	26.7	1.7	15.7	25.5	43.2	22.6	41.2	25.5
拡大家族	153	25.5	1.3	15.7	26.8	42.5	17.6	40.5	31.4
常勤	163	20.9	1.2	17.2	27.6	50.9	20.9	41.7	28.2
パート・臨時	167	28.1	3.0	15.6	20.4	40.1	20.4	42.5	28.7
経営者	26	23.1	0.0	26.9	23.1	38.5	23.1	46.2	19.2
家族従業員	99	34.3	1.0	11.1	34.3	41.4	22.2	38.4	27.3
手間賃仕事	22	31.8	0.0	9.1	31.8	31.8	22.7	36.4	31.8
家で教えている	4	0.0	0.0	25.0	0.0	0.0	0.0	25.0	0.0
会社と契約	8	0.0	0.0	12.5	12.5	50.0	25.0	62.5	25.0
会社に雇われて	7	28.6	0.0	28.6	28.6	28.6	28.6	14.3	14.3

	N	目が疲れる	眠りが浅く熟睡できない	次の日まで疲れが残る	食欲がない	胃腸の調子がよくない	その他	MT
25歳未満	13	38.5	0.0	15.4	0.0	23.1	7.7	307.8
25～29歳	88	20.5	14.8	25.0	0.0	11.4	1.1	242.0
30～34歳	235	31.9	11.5	34.5	2.1	14.5	3.8	294.9
35～39歳	126	31.0	15.9	25.4	1.6	9.5	4.8	314.4
40歳以上	34	32.4	17.6	29.4	0.0	8.8	2.9	311.8
核家族	345	28.7	13.3	29.9	1.4	12.5	3.2	291.1
拡大家族	153	32.7	13.1	28.8	1.3	12.4	4.6	294.2
常勤	163	28.8	10.4	33.7	1.2	11.0	5.5	299.2
パート・臨時	167	31.1	15.0	25.7	1.2	10.8	1.2	283.8
経営者	26	34.6	15.4	23.1	0.0	15.4	3.8	292.4
家族従業員	99	28.3	12.1	32.3	3.0	15.2	4.0	304.9
手間賃仕事	22	31.8	27.3	36.4	0.0	22.7	4.5	318.1
家で教えている	4	25.0	0.0	0.0	0.0	25.0	25.0	125.0
会社と契約	8	37.5	12.5	12.5	0.0	12.5	0.0	262.5
会社に雇われて	7	28.6	14.3	28.6	0.0	0.0	0.0	243.1

表6－93 全体としてみたら，あなたは家庭での生活にどの程度満足していますか。

	N	満足	まあ満足	どちらともいえない	やや不満	不満
25歳未満	13	0.0	38.5	53.8	7.7	0.0
25～29歳	87	16.1	58.6	19.5	3.4	2.3
30～34歳	235	15.7	54.0	17.4	8.1	4.7
35～39歳	126	14.3	56.3	16.7	9.5	3.2
40歳以上	34	11.8	55.9	23.5	2.9	5.9
核家族	344	16.3	55.2	17.7	7.3	3.5
拡大家族	153	11.1	54.9	22.2	7.2	4.6
常勤	163	17.2	54.0	17.2	8.0	3.7
パート・臨時	167	14.4	52.1	21.6	6.0	6.0
経営者	25	16.0	68.0	8.0	8.0	0.0
家族従業員	99	10.1	59.6	22.2	6.1	2.0
手間賃仕事	22	13.6	50.0	18.2	13.6	4.5
家で教えている	4	25.0	50.0	0.0	25.0	0.0
会社と契約	8	12.5	87.5	0.0	0.0	0.0
会社に雇われて	7	28.6	14.3	42.9	14.3	0.0

あとがき

　本書は1996年に自費出版した『社会福祉調査研究の展開』を全面的に再構成し，新たな拙稿を加えることによって出版に至った。
　筆者は本書の「はしがき」で「社会福祉調査には，この鋭いアンテナがなければ，調査者は調査対象者に対して多面的な視点から危害を与えかねないのである」と表記した。社会福祉調査という実践を現場で展開していくと，様々な社会生活上の苦しみを背負う人々と出会う。また，思いもかけない福祉ニーズの依頼を受け，そのニーズの深さとその人の背負う内実の痛ましさに自らの調査者としての傲慢さと軽率性を実感することがある。「軽はずみに調査をしてはならない」。「自己の言動が知らぬうちに相手を叩きつけているのではないか」。そういった思いを抱くことが多々ある。
　本書は統計調査の事例的文献として構成しているが，統計的数値では表わせない調査者と調査対象者（生活者・利用者）の人としての感情が実践の中には存在する。それは主観性であり，科学的データを必要とする統計調査の上には不必要なもののようであるが，調査実践においては，人としての感情，つまり「軽はずみに調査をしてはならない」といった倫理上の主観性は不可欠な調査プロセスの要点である。先に記した「鋭いアンテナ」という表現は，この倫理上の主観性を意味する。筆者自身，学生時代，肺結核という病で1年5か月の入院生活を送り医療，福祉の利用者として，実践者から受けたあるいは感じとった傲慢さと軽率性の経験は，利用者にしか理解できない屈辱感，不満感として今も心に焼付いている。利用者の視点に立つと，調査というものは何ら必要なものではなく，「何故，それを受けなければならないのか」といった感情が普遍的に存在する。同時に，調査のプロセスに調査者の無意図的かつ不快な言動が付加されれば，集計されたデータそのものにも影響が出てくる。いわば鋭いアンテナとは調査は誰のためのものか，調査は誰の人権を擁護し保障するものかという厳格な価値とともに調査実践者（調査者）の倫理を問うものである。本書の「はしがき」にも一部同様な文面を書き記したが，本書の第2章以降の調査報告の実践過程には，筆者の上記のような考えが存在していることを述べておきたい。

本書を作成（構成）するにあたって，既発表調査報告の機関紙等は以下のとおりである。第1章初出，第2章地方中都市の保育ニードの実態，四国学院大学論集第53号，1982，第3章保母養成所生の卒業後の動向に就いての追跡調査，南海保育専門学校紀要第3号，1985，第4章職場ボランティアに関する調査報告書，社会福祉法人愛媛県社会福祉事業団，1992，第5章地域福祉推進へのボランティア活動に関するプリコード調査報告，草の根福祉第29号，社会福祉研究センター，1999，第6章育児期の母親の就業状況と家庭生活の内実に関する調査報告，社会福祉研究センター，1993。なお，本文において構成上の統一を図るため調査報告で記したⅠ，Ⅱのような項目を節に変えている。図表の表記も統一を図り，一部の文章は修正し，割愛したところもある。また，第4章のように団体から調査委託を受けてまとめたものもあり，各章によって内容の深さ，構成上の目次等にばらつきがある。

　第2章は広島国際大学医療福祉学部助教授賀戸一郎先生との共同研究であり，第3章は南海福祉専門学校教官鳥野博文先生との共同研究である。両先生の温かいご承諾に感謝申し上げる。また，先にも記した1年5か月の入院生活の中で，恩師川田誉音先生の身に余るご支援には今も日々感謝している。「栄養のあるものを食べなければ…」と，ご自宅に招待して下さり，入院前夜手料理をご馳走になった。私は本来の教育者の姿を川田先生から教わった。また，入院中，素晴らしい実践者の方とも出会った。お名前を忘れてしまったことを後悔しているが，当時の看護婦長さんの助言が私の心と体を立ち直らせ，今の大学教員という道に方向づけて下さった。その助言は看護婦長さんの行往座臥から滲み出るものであった気がしている。筆者も研究者であると同時に教育者として，苦しい時代にご支援下さった方々のことを思い浮かべ努力しなければと反省の日々である。

著者紹介

井村圭壮（いむら・けいそう）

1955年生まれ
1983年　四国学院大学大学院文学研究科社会福祉学専攻修士課程修了
現　在　岡山県立大学　短期大学部　健康福祉学科　助教授
　　　　日本福祉士教育学会　理事，学術研究局長
主　著　『日本社会福祉人物史（上）』（相川書房，1987年，共著）
　　　　『日本社会福祉人物史（下）』（相川書房，1990年，共著）
　　　　『社会福祉法制と史的分析』（西日本法規出版，1996年）
　　　　『社会福祉調査研究の展開』（社会福祉研究センター，1996年）
　　　　『社会福祉の基本体系（第2版）』（勁草書房，1998年，共編著）
　　　　『現代高齢者福祉入門』（中央法規出版，1998年，編著）
　　　　『社会福祉の法律』（西日本法規出版，1999年，編著）
　　　　『社会福祉分析論』（学文社，2000年，共編著）
　　　　その他多数

社会福祉調査論序説

2001年2月10日　第1版第1刷発行

著　者　井　村　圭　壮
発行所　㈱ 学　文　社
代表者　田　中　千　津　子

〒153-0064　東京都目黒区下目黒 3-6-1
電話（03）3715-1501（代表）　振替00130-9-98842
http://www.gakubunsha.com

乱丁・落丁本は，本社にてお取替え致します。　　印刷／新灯印刷㈱
定価は，カバー，売上カードに表示してあります。　〈検印省略〉
　　　　　　　　　　　　　　　　　　　　　　　　転載不許可
ISBN4-7620-0990-3